Wertschöpfendes Instandhaltungs- und Produktionsmanagement

Praxiswissen für Ingenieure – Instandhaltung

Herausgegeben von o.Univ.Prof.Dr. Hubert Biedermann
Department Wirtschafts- und Betriebswissenschaften
an der Montanuniversität Leoben

 Dieses Buch wurde von der
ÖVIA (Österreichische technisch-wissenschaftliche
Vereinigung für Instandhaltung & Anlagenwirtschaft) erstellt.

Praxiswissen Instandhaltung

Erfolgreich durch Innovationen
in Management und Technologie
21. Instandhaltungsforum

Wertschöpfendes Instandhaltungs- und Produktionsmanagement

H. Biedermann (Hrsg.)

Bibliografische Informationen der Deutschen Nationalbibliothek

Die Deutsche Nationalbibliothek verzeichnet diese Publikation in der Deutschen Nationalbibliografie. Detaillierte bibliografische Daten sind im Internet über http://dnb.d-nb.de abrufbar.

Gedruckt auf chlorfrei gebleichtem Papier.

ISBN 978-3-8249-1069-4

© by TÜV Media GmbH, TÜV Rheinland Group, Köln 2007
® TÜV, TUEV und TUV sind eingetragene Marken der TÜV Rheinland Group. Eine Nutzung und Verwendung bedarf der vorherigen Zustimmung durch das Unternehmen.
Gesamtherstellung: TÜV Media GmbH, Köln 2007
Printed in Germany 2007

Inhaltsverzeichnis

Autorenverzeichnis   7

Strategien und Konzepte einer Wertschöpfungsorientierung

Wertschöpfungsorientiertes Management in der Anlagen- und Produktionswirtschaft   9
Hubert Biedermann

Instandhaltung schafft Werte – Der Beitrag der Instandhaltung zur Wertschöpfung   19
Harald Neuhaus

Manufacturing Excellence – Instandhaltung als Kernpunkt der Kostenoptimierung   31
Martin Bergermann

Outsourcing oder Re-Insourcing? Ermittlung der Kerneigenleistungstiefe in der Instandhaltung   35
Wilfried Sihn, Kurt Matyas

Verlängerung der Laufzeit – Anlagen und Komponenten gezielt nützen   47
Robert Kauer

Einsatz innovativer Technologien

Condition Monitoring – Ein Beitrag zur wertschöpfenden Instandhaltung   55
Fred Kuhnert

RFID in der Instandhaltung - Anwendung bei Pumpenwartungen   69
Erich Meyer

Daten-, Informations- und Prozessmanagement

IT in schlanken Produktionssystemen –   77
Eine bedarfsorientierte Systemkonzeption
Johannes Stimpfl

MSC – Fast and Competent Support over Plant Life Cycle   93
Thomas Heimke

Ein Controllingsystem zur Unterstützung der Prozessorientierung am   111
Beispiel der Produktionsfeinplanung
Eva Schiefer

Methoden und Instrumente einer Wertschöpfungsorientierung

Mitarbeiter an komplexen Anlagen – Betroffene zu Beteiligten machen   123
Heiko Günsch

Einführung von Total Productive Manufacturing in einer globalen   135
Konzernstruktur
Werner Schröder

Auswahl und Einsatz von Instrumenten und Methoden in   153
Entscheidungsprozessen am Beispiel einer Anlageninvestition
Stephan Staber, Friedrich Koch

Bestandsmanagement

Neue, bewährte Methoden und Instrumente zum   173
Bestandsmanagement in Instandhaltung und
Produktion
Herbert Bäck

Autorenverzeichnis

Herbert Bäck
Dr., Firmeneigentümer
Logistik Management Systeme GmbH
Trofaiach

Martin Bergermann
Dipl.-Ing., Technischer Leiter Europa
Johnson & Johnson GmbH
Düsseldorf

Hubert Biedermann
o.Univ.Prof. Dipl.-Ing. Dr., Departmentleiter
Department Wirtschafts- und Betriebswissenschaften
Montanuniversität Leoben

Heiko Günsch
Dipl.-Psychologe, Leiter Neue Arbeitsorganisation
Volkswagen Sachsen GmbH
Zwickau

Thomas Heimke
Dipl.-Inform. (Univ.), Head of Metals/Mining Service&Support Center
Siemens VAI, I&S MT MS
Erlangen

Robert Kauer
Dr.-Ing., Abteilungsleiter Anlagenoptimierung
TÜV SÜD Industrie Service GmbH
München

Friedrich Koch
Ing., Betriebsleiter Sonderstahlwerk
Böhler Edelstahl GmbH
Kapfenberg

Fred Kuhnert
Dipl.-Ing., Leiter Condition Monitoring
ThyssenKrupp Xervon GmbH
Köln

Kurt Matyas
ao.Univ.Prof. Dipl.-Ing. Dr., Stv. Studiendekan
Fakultät für Maschinenwesen und Betriebswissenschaften
Technische Universität Wien

Harald Neuhaus
Dipl.-Ing., Leiter der Zentralen Anlagentechnik
Aluminium Norf GmbH
Neuss

Eva Schiefer
Dipl.-Ing., Wissenschaftliche Mitarbeiterin
Lehrstuhl Wirtschafts- und Betriebswissenschaften
Montanuniversität Leoben

Werner Schröder
Dipl.-Ing. (FH), Wissenschaftlicher Mitarbeiter
Lehrstuhl Wirtschafts- und Betriebswissenschaften
Montanuniversität Leoben

Wilfried Sihn
Univ.-Prof. Dipl.-Wirtsch.-Ing. Dr.-Ing. Dr. h.c.
Leiter Bereich Betriebstechnik und Systemplanung und Fraunhofer-Projektgruppe
Institut für Managementwissenschaften, Technische Universität Wien

Stephan Staber
Dipl.-Ing., Wissenschaftlicher Mitarbeiter
Lehrstuhl Wirtschafts- und Betriebswissenschaften
Montanuniversität Leoben

Johannes Stimpfl
Dipl.-Ing., Geschäftsführer
Gamed mbH
Graz

Wertschöpfungsorientiertes Management in der Anlagen- und Produktionswirtschaft

Hubert Biedermann

Umfeldveränderungen erfordern ein langfristig orientiertes Produktions- und Anlagenmanagement mit Fokus auf Effektivität. Hierbei müssen die permanente Weiterentwicklung der Anlagentechnologie und die nachhaltige Schwachstellenbeseitigung im Vordergrund stehen. Ausgehend von der Rentabilitätsanalyse mit der Ableitung der werttreibenden Leistungsfelder ist unter Beachtung der Bedeutung von Innovation, Kernkompetenzzunahme und Anspruchsgruppenorientierung das Management auf nachhaltig wertsteigernde Ziele und Maßnahmen zu konzentrieren.

1 Einleitung

Das langfristige Bestehen eines Unternehmens in einer Branche gelingt letztendlich nur, wenn die für ein Unternehmen wesentlichen Anspruchsgruppen (Stakeholder) langfristig zufrieden gestellt werden. Kunden fordern höhere Qualität zu immer niedrigeren Preisen bzw. Produktinnovationen, die neuen Kundennutzen schaffen. Der Kapitalmarkt erwartet sich, dass deren Interessen gewahrt werden und eine ausreichende Verzinsung des investierten Kapitals gesichert ist. Es sind auch Werte für die Mitarbeiter zu generieren um deren Potenziale zu nutzen bzw. weiter zu entwickeln. Dies alles gelingt nicht, wenn sich die Unternehmensführung darauf beschränkt bestehende Kosten bzw. Prozessstrukturen zu verbessern (Effizienzmanagement) und das Erhalten von Bestehendem in den Vordergrund stellt. Im Zusammenhang mit dem klassischen Instandhaltungs- und Produktionsmanagement ist es in dynamischen und kompetitiven Märkten, in welchen die Produktvielfalt steigt, der Lebenszyklus derselben sinkt und die Anlagentechnologie einem stetem Wandel unterzogen ist, nicht mehr ausreichend „IN STAND zu HALTEN". Die deutsche Sprache charakterisiert sehr trefflich, was als Ziel- und Maßnahmenbündel vielerorts in den Industrieunternehmen für das Anlagen-, Produktions- und Instandhaltungsmanagement im Vordergrund steht: Das „Am Stand" halten oder um es entsprechend der diversen Instandhaltungsnormen auszudrücken, das Wiederherstellen des Sollzustandes (Instandsetzung).

Das kompetitive Umfeld verlangt vom Produktions- und Anlagenmanagement viel mehr eine Strategie, die sich neben der Effizienzsteigerung auf permanente Effektivitätssteigerung konzentriert, was mit einem wertschöpfungsorientierten Management entspricht. Zur Charakterisierung des wertschöpfungsorientierten Managements wird im Folgenden auf den Begriff der Wertschöpfung näher eingegangen, die Anlagen- und Produktionswirtschaftlich hinsichtlich ihrer Zielsetzung und Managementinstrumente näher charakterisiert und der hier bevorzugte Managementbegriff beschrieben. Daraus wird ein Konzept des wertschöpfungsorientierten Managements in der Anlagen und Produktionswirtschaft abgeleitet, das den eingangs erwähnten Umfeldanforderungen Rechnung trägt.

2 Wertschöpfung

Letztlich beschäftigen sich alle Managementaktivitäten mit Wertgenerierung und Wertschöpfung. Im hier interessierenden, produzierenden Unternehmen schafft die Produktion Werte, indem Vorprodukte und Rohstoffe mittels physikalischer Transformationsprozesse in Produkte umgewandelt werden, für die seitens des Marktes Bedarf besteht. Die Differenz zwischen dem Wert des Outputs einer betriebswirtschaftlichen Einheit und den Faktoreinsatzkosten wird Wertschöpfung (Value Added) genannt. Mit anderen Worten entspricht die Wertschöpfung der Summe der durch den Verkauf selbst erstellter (oder erworbener) Produkte und Dienstleistungen erzielten Erlöse abzüglich der Summe aller mit dem Kauf oder der Bereitstellung von Vorleistungen verbundenen Kosten. Das bedeutet aber auch, dass der Wert, der letztendlich von einer Betriebswirtschaft generiert wird, auf unterschiedliche Interessensgruppen verteilt ist, nämlich insbesondere die Mitarbeiter derselben (Löhne und Gehälter), die Kreditgeber (Zinsen), die Eigentümer (Gewinne) und die Volkswirtschaft (Steuern). Wesentlich ist dabei, dass die Kundenzufriedenheit (theoretisch in Geldeinheiten bewertet) über den vom Kunden bezahlten Preis liegt. Eine Betriebswirtschaft bzw. ein Industrieunternehmen ist daher als soziales Gebilde vorstellbar, welches für viele Interessensgruppen arbeitet und Nutzen schafft. Dasselbe hat daher die unterschiedliche Interessenslage der diversen Anspruchsgruppen zu berücksichtigen und in das eigene Zielbündel so zu integrieren, dass beispielsweise nicht eine einzelne Anspruchsgruppe (z.B. der Kreditgeber durch Überbetonung des Shareholder Value) und deren Perspektive im Vordergrund stehen. Kurzfristiges Denken und Entscheiden sowie extremer Wachstumszwang wären die Folge. Dauerhafte Wertsteigerung ist ohne Wachstum kaum realisierbar.

Wie wird nun der ökonomische Mehrwert gemessen? Die meist verbreitete Methode ist der des Economic Value Added (EVA). Dabei werden vom operativen Gewinn die Steuern und die Kapitalkosten subtrahiert oder vom erzielten Return On Investment (ROI) die Mindestzielrendite subtrahiert und das Ergebnis mit dem zuordenbaren Vermögen multipliziert. In Folge der Einfachheit und Praktikabilität dieser Kennzahl wird der ökonomische Gewinn zunehmend als Bewertungsgröße der Unternehmensleistung verwendet. Nichtsdestotrotz kann damit die Frage, in welchem Umfang eine spezielle Strategie Wert für das Unternehmen schafft, kaum beantwortet werden.

Auch die Anwendung der Discounted Cash Flow Analyse zur Bewertung von Geschäftsaktivitäten und Strategien oder die Abschätzung des Optionswertes ist problembehaftet und beschwerlich. Problematisch ist die weit in die Zukunft reichende Abschätzung der Cash Flows bzw. die hohe Komplexität und Informationsanforderung an die Realoptionenberechnung. Daher neigen die meisten Unternehmen dazu, auf Profitabilitätsmessungen zurückzugreifen und die Abschlusszahlen zu verwenden, die sich auf relativ kurze Zeitspannen beziehen. Die Gesamtkapitalrentabilität (Return On Capital Employed – ROCE) ist nach wie vor die wesentliche Kennzahl zur Bewertung der ökonomischen Leistungsfähigkeit von Unternehmen bzw. einzelner Geschäftsaktivitäten. In Form des Du-Pont-Schemas wird die Kapitalrentabilität in die Umsatzrendite und den Kapitalumschlag zerlegt (Abb. 1).

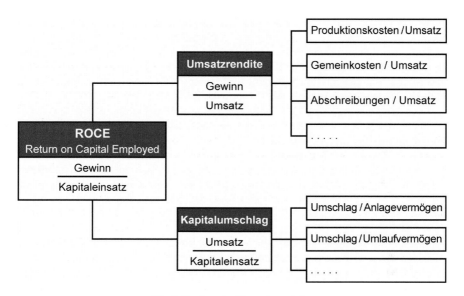

Abb. 1: Struktur der Kapitalrentabilität

Letztere können noch weiter in ihre Bestandteile zerlegt werden, wobei es die darauf aufbauende tiefer gehende Analyse ermöglicht, die Quellen der Unternehmensleistung bezogen auf spezifische betriebliche Aktivitäten zu identifizieren. Gleichzeitig kann dieses Schema auch dazu benutzt werden, um ein Bild über die Leistungsfähigkeit der unterschiedlichen Bereiche und Funktionen einer Organisation zu identifizieren und entsprechende Leistungsziele festzulegen. Abb. 2 zeigt das Prinzip als Grundlage für die Identifizierung monetärer bzw. operativer Kennzahlen für die unterschiedlichen Funktional- bzw. Handlungsbereiche und Ebenen. Hervorgehoben ist der mögliche Fokus auf produktions- und anlagenwirtschaftliche Handlungsziele.

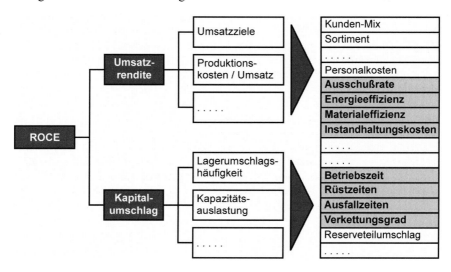

Abb. 2: ROCE und seine Verbindung mit werttreibenden Leistungsfeldern

Nach wie vor bleibt das Problem, dass diese vergangenheitsbezogene, kurzfristig orientierten Rentabilitätskennzahlen nicht in der Lage sind, die langfristig verfolgte strategische Ausrichtung des Unternehmens zu quantifizieren und in entsprechende operative Größen überzuführen. Die kurzfristige Verfolgung von finanzwirtschaftlichen Zielen wird nur mit einer geringen Wahrscheinlichkeit zu einer langfristigen Gewinnmaximierung bzw. nachhaltigen Unternehmensexistenz führen.

Hierzu bietet die Balanced Scorecard (BSC) die Möglichkeit eine Verbindung des übergeordneten Unternehmensziels der Wertmaximierung mit strategischen und operativen Zielen herzustellen[1]. Damit kann sichergestellt werden, dass die Verfolgung finanzwirtschaftlicher Ziele nicht zu Lasten der langfristigen strategischen Ausrichtung des Unternehmens geht. Die Verfolgung allein der finanzwirtschaftlichen Kennzahlen führt letztendlich zu einer Überbetonung des Shareholder Value bzw. der Überbetonung der Anspruchsgruppe des Kapitalmarktes.

Zahlreiche Untersuchungen zeigen auf, dass zur langfristigen und nachhaltigen Unternehmensabsicherung, wie eingangs erwähnt, weitere Anspruchsgruppen, wie insbesondere die Mitarbeiter und die nachhaltige kontinuierliche Verbesserung des Customer Value entscheidend sind. Daher ist der Begriff des Unternehmenswertes weiter zu fassen, da die Verknüpfung der Strategie des Unternehmens mit sozialen und moralischen Zielen die langfristigen Gewinnaussichten eher unterstützt als behindert. So gesehen bedeutet wertschöpfendes Management die Steigerung des gesamten Unternehmenswertes, wobei es natürlich notwendig ist, die Quellen für Wertschöpfung zu identifizieren und zu nutzen. Finanzielle Analysen können dabei eine Hilfe sein, letztendlich benötigt man strategische Analysen, um die Erfolgsfaktoren für Profitabilität und die Generierung von Wettbewerbsvorteilen zu identifizieren.

Studien zeigen, dass sich der Erfolg eines Unternehmens im Wesentlichen im Inneren desselben entscheidet (Resourced Based View), die auf den wesentlichen Säulen der Innovation, der Kernkompetenz und der Marktorientierung aufbauen. Dies bedeutet, dass im Unternehmen Kulturarbeit zu leisten ist, die Einstellungen, Werte, Denkmuster und Verhaltensweisen generiert, die langfristig die Effektivitätssteigerung durch Innovation, Marktorientierung und die Schaffung von Kernkompetenzen ermöglicht. Ergänzend dazu dienen Instrumente und Methoden die Effizienz im Sinne der Output/Input-Relation zu erhöhen (Abb. 3).

---

[1] *Vgl.: Biedermann, H. (1999); S. 15 ff*

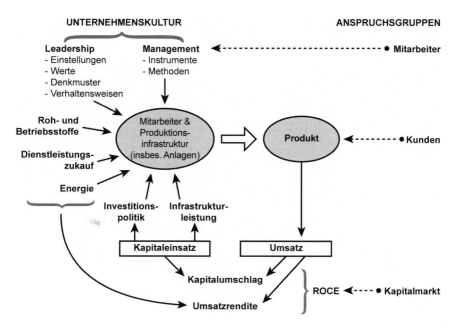

Abb. 3: Elemente und Wirkungsrichtungen im System einer anspruchsgruppenorientierte Produktion

3 Anlagenwirtschaft

Managementobjekte der Anlagenwirtschaft sind maschinelle Anlagen verstanden als technische Apparate des Unternehmens, aber auch weitere Mobilien wie Werkzeuge, Transportmittel, Ersatzteile etc. Im Gegensatz zu den Verbrauchsgütern handelt es sich um Gebrauchgüter, die als Potenzialfaktoren die Herstellung von Produkten ermöglichen. Hierbei verfolgt die Anlagenwirtschaft das Ziel, die Beschaffung, Bereitstellung, Erhaltung und Ausmusterung derselben so zu gestalten und zu lenken, dass das angestrebte wirtschaftliche Unternehmensergebnis unter Beachtung der betrieblichen Humananforderungen und der sonstigen einengenden Bedingungen wie Umweltauflagen, Gesetzgebung und Sicherheitsanforderungen etc. in möglichst hohem Maße erreicht wird. Die meisten Ansätze zur konzeptionellen Ausgestaltung des Anlagenmanagements orientieren sich an den Lebenszyklusphasen der Anlagen, wobei hier beispielsweise die Phasen Anlagenbereitstellung, Anlageninstandhaltung, Anlagenverwaltung und Anlagenausmusterung unterschieden werden können. Das Aufgabenfeld der zeitlich parallel zur Anlageninstandhaltung gelagerten Anlagennutzung wird in der betrieblichen Praxis zumeist der Fertigungs- bzw. Produktionswirtschaft zugeordnet. Zwischen den einzelnen Aufgabenfeldern der Anlagenwirtschaft bestehen z.T. beträchtliche Interdependenzen. Insbesondere determiniert die Anlagenentwicklungs-, Anlagenanordnungs- und Anlagenbereitstellungsphase in ausgesprochen hohem Maße die laufenden Betriebskosten derselben und hier insbesondere die Instandhaltungskosten. Werden diese Interdependenzen nicht berücksichtigt, so bleiben Effizienz- und Effektivitätspotenziale ungenützt. Dies ist u.a. der entscheidende Faktor, warum über die funktionalen Sichtweisen hinaus eine Gesamtbetrachtung des Potenzialfaktors Anlage notwendig ist. Ganz wesentlich ist der Know How Transfer aus der Nutzungsphase der Anlagen (Instandhaltungs- und Produktions-Know-How) in die Konstruktions- und Bereitstellungsphase. Moderne Ansätze der Produktions- und Instandhaltungsphilosophie (TPM) berücksichtigen diese Forderung.

4 Produktionswirtschaft

Die Produktionswirtschaft umfasst als zentrales Element in der Wertschöpfungskette von produzierenden Unternehmen alle Aufgaben zur optimalen Kombination der Einsatzfaktoren wie Betriebsmittel, Material, Energie und Humanressourcen, um kundenorientiert marktfähige Produkte unter ökonomischen Prinzipien zu erzeugen. Sie benötigt etliche unterstützende Querschnittsfunktionen, um das Gesamtziel einer nachhaltigen Gewinnerzielung erreichen zu können. Die wesentlichsten Einzelfunktionen der Produktion sind Fertigung und Montage, Produktionsprogrammplanung einschließlich der Arbeitsvorbereitung sowie Logistik und Disposition. In der industriellen Praxis ist oftmals ein sehr wesentliches Problem darin zu sehen, dass unter dem Druck des Tagesgeschäftes bzw. der Befriedigung kurzfristiger Kundenbedürfnisse der Fokus im Management auf die kurzfristige Kombination der Produktionsfaktoren (Material, Energie) gelegt wird und die langfristige Optimierung des Betriebsmitteleinsatzes (anlagenwirtschaftliches Zusammenwirken) mit dem Produktionsmanagement auf der Strecke bleibt.

5 Management

Da der Managementbegriff unterschiedlich interpretiert wird, ist es erforderlich denselben abzugrenzen. Einerseits wird unter Management die Beschreibung einer organisatorischen Einheit mit ihren Aufgaben und Funktionsträgern verstanden. In der funktionsorientierten Sichtweise haben die Aufgabenträger die Hauptfunktionen Planung und Kontrolle (als Prozessdimension), Organisation und Disposition (als Strukturdimension) und Führung (als Personaldimension) wahrzunehmen.

Im Managementsystem schließlich soll die Generierung und Umsetzung von Unternehmenszielen und den daraus abgeleiteten Strategien und Maßnahmen ermöglicht und sichergestellt werden. Je größer und komplexer ein Unternehmen ist, desto wichtiger wird es die Komplexität der Führung durch Zerlegung (Arbeitsteilung) in Teilführungssysteme zu reduzieren und gleichzeitig diese Teilführungssysteme zu einem ganzheitlichen Führungssystem zusammenzufassen (Arbeitsvereinigung). Dieses hat der Komplexität Rechnung zu tragen und die Schaffung von Wettbewerbsvorteilen zu ermöglichen. Management ist daher im Wesentlichen das Wahrnehmen der Koordinationsfunktion, die überall dort erforderlich ist, wo das Verhalten eine Vielzahl von Menschen auf Ziele koordiniert werden muss und dies unter ständig wechselnden Umständen, die eine exakte Planung unmöglich machen. Hierzu steht dem Management (Aufgabenträger) ein breites Managementinstrumentarium zur Verfügung. Entscheidend ist dabei Kulturarbeit durch Leadership (siehe Kapitel 2).

6 Wertschöpfungsorientiertes Anlagen- und Produktionsmanagement

Im wertschöpfungsorientierten Anlagen- und Produktionsmanagement gilt es, ausgerichtet auf die Sicherstellung des langfristigen Customer Value durch Verfahrens- und Technologieinnovationen, in immer kürzeren Zeitabständen den Beitrag für die langfristige Sicherstellung des Unternehmenserfolges zu liefern. Im Sinne der Effektivitätsorientierung geht es darum, höchste Produktqualität für langfristigen Kundennutzen zu generieren, was bedeutet, dass die Prozessstabilität sichergestellt werden muss. Zero-Defect-Strategie, On-Condition-Monitoring und der ständigen Weiterentwicklung der Anlagentechnologie und – Effizienz sind hier oberste Maxime. Der Fokus ist von den Six Big Losses der TPM Strategie auf die 18 Verlustquellen innerhalb der Produktion zu richten, um neben der laufenden Effektivitätssteigerung das Effizienzpotenzial entsprechend nutzen zu können (Abb. 4)².

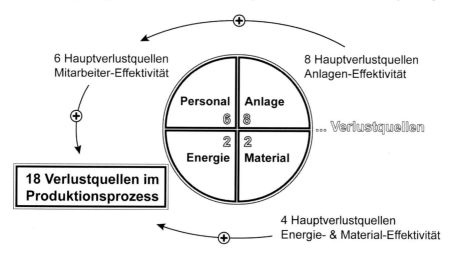

Abb. 4: Effektivitätsfelder im wertschöpfungsorientierten Anlagen- und Produktionsmanagement

Nachhaltige Störungsbeseitigung, anlagenwertsteigernde Instandhaltung zur Erhöhung der Lebensdauer und der Anlagenzuverlässigkeit und damit verbunden zur Ermöglichung entsprechender Fixkostendegressionen und der Senkung der Life-Cycle-Cost sind die notwendige Konsequenz.

Die Arbeitsteiligkeit zwischen dem Funktionalbereich der Produktion, der Anlagenplanung und der Instandhaltung sind durch nachhaltige Koordinationsmaßnahmen zu überwinden. Hierbei ist das gesamte Koordinationsinstrumentarium auszuschöpfen und neben der Organisation durch Standardisierung, Planung, insbesondere aber durch Kommunikationsbarrieren überwindende Kulturarbeit das Potenzial gesamthaft auszuschöpfen.

Im Aufgabenvollzug des Instandhaltungsmanagements bedeutet dies, Wartungs- und Reinigungsarbeiten konsequent an die Produktionsmitarbeiter bzw. die Maschinenbediener auszulagern; im Bereich der Inspektionsstrategien alle ökonomisch vertretbaren Technologieinnovationen zu nutzen, um möglichst durch On-Condition-Monitoring (im laufenden Anlagenzustand) ein relativ zuverlässiges Bild über den Abnutzungsvorrat zu erhalten und aus der Verfolgung dieser Informationen gemeinsam mit der Produktion unter Berücksichtigung der Produktions- und Umgebungsbedingungen Schlüsse zur technologischen Weiterentwicklung der Anlage zu ziehen.

Jede Instandsetzungsmaßnahme ist unter Abkehr der Philosophie „Instand zu halten" als Chance zu sehen, das Bauteil bzw. Bauelement und damit die Anlage um eine Schwachstelle ärmer und die Anlage damit technologisch ausgereifter zu machen. Eine anlagen-

---

[2] Vgl.: Biedermann, H. (2001); S. 10

wertsteigernde Instandhaltung arbeitet permanent an der Modernisierung und Weiterentwicklung der Prozessstabilität und der nachhaltigen Beseitigung von Schwachstellen. Die unter TPM begonnene präventive bzw. vorhersagende Sichtweise ist im Sinne einer Zero Defect Vision nachhaltig weiter zu entwickeln. Entsprechend der eingangs dargelegten Wertschöpfung ist ein kritischer Blick auf die Vorleistung zur Wertschöpfung der Instandhaltung zu richten. Dies bedeutet, dass die gewählte Outsourcingstrategie (Fremdleistungszukauf) auf ihren Wertschöpfungsbeitrag ebenso zu untersuchen ist, wie der Bereich der Ersatzteilbewirtschaftung und des Ersatzteilzukaufes.

Nur dort, wo neben Kostenvorteilen auch die Weiterentwicklung der Anlagen- und Produktionstechnologie und die Weitergabe von Know How durch den zugekauften Dienstleister (Fremdleistungsinstandhalter, Anlagen- bzw. Ersatzteillieferanten) gewährleistet ist, ergänzt dieser den Wertschöpfungsbeitrag des Produktions- bzw. Anlagenmanagements.

Wie kann dies umgesetzt werden? In erster Linie durch Kulturarbeit, in welcher die Mitarbeiter in die Ausrichtung der Produktions- und Anlagenwirtschaftsstrategie involviert werden und durch offene Informations- und Diskussionskultur die permanente Weiterentwicklung sichergestellt werden kann. Die Kulturarbeit schließt innovative Organisations- und Personalentwicklungskonzepte ein, die die funktionalen, topographischen und subkulturellen Innovationsbarrieren überwinden helfen[3]. Mitarbeiter müssen ertüchtigt werden, sich laufend selbstständig bzw. im Team mit Herausforderungen zu beschäftigen und nicht mehr die reaktive Passivstrategie des laufenden Instandhaltens zu pflegen.

Erfahrungswissen und die Bereitschaft dieses auszutauschen sind wesentlich. Erfahrung kann nur gewonnen werden durch Beschreiten neuer Lösungsprinzipien, daher sind der Veränderungswille und die Veränderungsbereitschaft zu heben und die Führungsqualität dadurch zu verbessern, indem den Mitarbeitern das Gefühl gegeben wird, integriert zu sein. Diskussionsplattformen für funktionsübergreifende Lösungen müssen ermöglicht werden, um das notwendige Innovationsklima für die Weiterentwicklung der Kernkompetenzen zu schaffen. Diese sind im Bereich des Produktions- und Anlagenmanagements notwendig, um langfristig strategische Wettbewerbsvorteile zu erzielen.

Das wertschöpfungsorientierte Instandhaltungsmanagement umfasst somit den nach den Prinzipien des Total Productive Maintenance (bzw. der anlagenwirtschaftlich ausgerichteten Instandhaltung) gestalteten Organisations-, Informations- und strategischen Rahmen und ergänzt denselben durch Leistungsorientierung mit Fokus Effektivität sowie Lern- und Vermeidungskultur (wissensbasierte Instandhaltung). Abb. 5 zeigt den Umfang des Einbezugs der unterschiedlichen Instandhaltungsphilosophien[4].

---

[3] *Vgl.: Sammer, M. (2001; S. 53 ff*
[4] *Vgl.: Biedermann, H. (1999); S 13 ff*

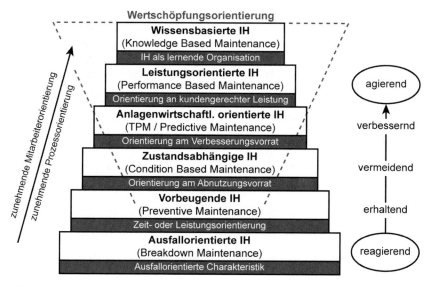

Abb. 5: Instandhaltungsphilosophien und deren Integration in die Wertschöpfungsorientierung

7 Literatur

- Biedermann, H. (1999): Performance Based Maintenance –Ein Konzept zur leistungsorientierten Instandhaltung. In: Performance Based Maintenance. Hrsg.: Biedermann, H., TÜV-Verlag, Köln
- Biedermann H. (2001): Knowledge Based Maintenance. In: Knowledge Based Maintenance – Strategien, Konzepte und Lösungen für eine wissensbasierte Instandhaltung. Hrsg.: Biedermann, H., TÜV-Verlag, Köln
- Sammer, M. (2001): Wissensmanagement in der Instandhaltung. In: Knowledge Based Maintenance – Strategien, Konzepte und Lösungen für eine wissensbasierte Instandhaltung. Hrsg.: Biedermann, H., TÜV-Verlag, Köln

Instandhaltung schafft Werte

Der Beitrag der Instandhaltung zur Wertschöpfung

Harald Neuhaus

Die Globalisierung der Märkte sowie zunehmender Wettbewerbsdruck zwingen Unternehmen sämtlicher Industriezweige moderne, hoch automatisierte und verkettete Anlagen, Systeme und Herstellverfahren einzusetzen. Diese Investitionen lohnen sich jedoch nur dann, wenn die technischen Anlagen hohe Anforderungen an Verfügbarkeit und Zuverlässigkeit erfüllen, ohne dass die damit verbundenen Kosten die Wettbewerbsvorteile wieder aufheben. Instandhaltung muss aus unternehmerischer Sicht als wertschöpfender Teilprozess gesehen werden. Die Leistung der Instandhaltung und der damit verbundene Mehrwert hilft die Wettbewerbsfähigkeit des Unternehmens langfristig sicherzustellen und trägt erheblich zum Erfolg des Unternehmens bei. Dies ist für die Instandhaltung elementare Aufgabe und immer wieder neue Herausforderung.

Welchen Beitrag zur Wertschöpfung leistet die Instandhaltung?
Welche Werte schafft sie?

1 Die Bedeutung der Instandhaltung aus volkswirtschaftlicher Sicht

Die Instandhaltung gehört zu den umsatzstärksten volkswirtschaftlichen Industriezweigen. Eine vom BMBF geförderte Untersuchung „Nachhaltige Instandhaltung" vom März 2006 zeigt die derzeitige Einschätzung der Instandhaltung:

- Die direkten Instandhaltungskosten (Personalkosten, Verbrauchsmaterial, Ersatzteile, Sensorik, IPS-Systeme, Vernetzung,…) in Europa liegen bei etwa 1.500 Milliarden Euro.
- Die indirekten Instandhaltungskosten (Maschinenausfallzeiten, Mindermengen, Liefer-unfähigkeit, Qualitätseinbußen, Rechtliche Konsequenzen, Imageverlust, Lagerhaltungskosten, Reserveteile, Ersatzinvestitionen, …) haben eine Größenordnung ca. 7.500 Milliarden Euro.

Nach Angaben des Statistischen Bundesamtes gab es 2005 in Deutschland Instandhaltungsaufwendungen für Sachanlagen, Wohnungswirtschaft, private Haushalte und private Kfz-Versicherungen in Höhe von etwa 175 Mrd. Euro. Diese Schätzung berücksichtigt in erster Linie Personal- und Sachkosten, also direkte Instandhaltungskosten.

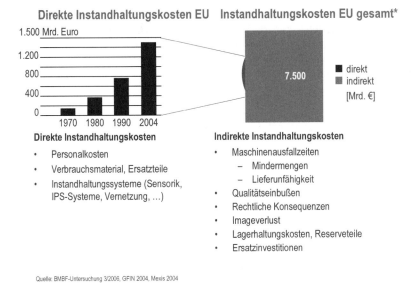

Abb. 1: Bedeutung der Instandhaltung aus Sicht der Volkswirtschaft[1]

Würden die Folgen einer vernachlässigten Instandhaltungspraxis – wie beispielsweise Kosten aufgrund von Maschinenausfallzeiten und Qualitätseinbußen – ebenfalls in die Betrachtungen einbezogen, so würde sich ein deutlich höherer Betrag für die volkswirtschaftliche Bedeutung der Instandhaltung ergeben. Diese indirekten Instandhaltungskosten werden auf das 3- bis 5-fache der direkten Instandhaltungskosten, also auf ca. 525 bis 875 Mrd. Euro geschätzt.

Nach anderen Schätzungen werden pro Jahr etwa 10% des Bruttoinlandsproduktes für instandhaltende Maßnahmen ausgegeben. Damit ergibt sich für 2005 ein Gesamtinstandhaltungsaufwand von ca. 225 Mrd. Euro.

2 Die Bedeutung der Instandhaltung aus betriebswirtschaftlicher Sicht

Der Erfolg eines Unternehmens hängt in starkem Maße von der Instandhaltung ab. Nur die bedarfsgerechte Nutzung der Maschinen und Anlagen sowie ihre Qualitätsfähigkeit ermöglichen die Produktion der zur Deckung der gesamten Kosten erforderlichen Produktionsmenge. Hierbei hat die Instandhaltung dafür Sorge zu tragen, dass die Produktion mit möglichst wettbewerbsfähigen Instandhaltungskosten erreicht wird.

Der betriebswirtschaftliche Stellenwert der Instandhaltung wird durch die Instandhaltungsaufwendungen der Industrieunternehmen verdeutlicht. Diese liegen im Durchschnitt jährlich bei ungefähr 5% des Wiederbeschaffungswertes des Bruttoanlagevermögens. Je nach

---

[1] Vgl. Stahl, et al. (2006)

Branche betragen die jährlichen Instandhaltungskosten damit zwischen 2 und 6% der Gesamtkosten eines Industrieunternehmens.

Anmerkung: In der chemischen Industrie liegen diese bei 30-50% der Gesamtkosten.

Die Ursachen für die branchenspezifischen Unterschiede resultieren aus dem unterschiedlichen Instandhaltungsbedarf der jeweiligen Maschinen und Anlagen. Der Instandhaltungsbedarf ist neben dem Automatisierungsgrad und der Verkettung der Anlagen von der Anlagenintensität abhängig. Er reicht von 3% bei diskontinuierlicher Produktion (Einzel- bzw. Kleinserie) bis zu 30% (vollkontinuierliche Produktion).

Nach Männel lassen sich durch optimierte Instandhaltung je nach Kostenart Einsparungen in der Größenordnung von 5-25% erschließen. Diese unterstreichen nochmals die Bedeutung der Instandhaltung als Wirtschafts- und Produktivfaktor. Bei einer angenommenen 25%-igen Ausschöpfung des Potenzials ergeben sich bezogen auf die volkswirtschaftlichen Zahlen für die Instandhaltungsaufwendungen etwa 44 Mrd. Euro bei den direkten und zwischen 130 und 218 Mrd. Euro bei den indirekten Instandhaltungskosten. Zusammen sind dies etwa 8-12% des Bruttoinlandsproduktes.

Es lohnt sich also, über das Potenzial „Instandhaltung" nachzudenken.

Bedeutung der Instandhaltung - Einsparpotenziale :

Eine Optimierung der Instandhaltung ermöglicht substanzielle Kosteneinsparungen:

Effekt optimierter Instandhaltung	Potenzial (Spanne)	
Personalreduzierung für Instandhaltungsmaßnahmen	5 – 15 %	Direkte Kosten
Verminderung der Lagerhaltungskosten in der Instandhaltung	5 – 50 %	
Zeitreduzierung für geplante Instandhaltungsmaßnahmen	0 – 40 %	
Senkung der Störrate	10 – 30 %	
Entlastung der Meister und Vorarbeiter	10 – 50 %	
Steigerung der Werkerproduktivität	10 – 40 %	
Vermeidung von Produktionsausfall, Nacharbeit etc.	15 – 25 %	Indirekte Kosten

Direkte Kosten: 1.500 → 1.245 [Mrd. €] (-16%)
Indirekte Kosten: 7.500 → 6.000 [Mrd. €] (-20%)

⇒ Einsparungspotenzial: ca. 1.760 Mrd. Euro

⇒ Davon realisierbar*: ca. 440 Mrd. Euro
* bei Realisierung von 25 % des Potenzials

Quelle: BMBF-Untersuchung 3/2006, Männel 2001, Mexis 2004

Abb. 2: Bedeutung der Instandhaltung - Einsparungspotentiale[2]

---

[2] Vgl. Stahl, et al. (2006)

Wo steht die Instandhaltung heute?

Instandhaltung ist ein betrieblicher Prozess, dessen Bedeutung in den letzten Jahren wesentlich zugenommen hat – und weiter zunehmen wird. Es herrscht hoher Kostendruck, die Anforderungen der Kunden der Instandhaltung (z.B. Produktion) ändern sich dynamisch.

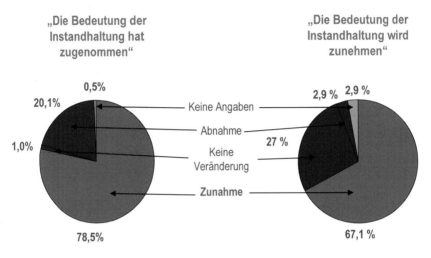

Abb. 3: Bedeutung der Instandhaltung[3]

Die mit der Bereitstellung, dem Einsatz und dem Betrieb von technischen Anlagen verbundenen Kosten treten immer mehr in den Vordergrund. Allerdings wird vom Management all zu oft nur die kurzfristige Senkung der Instandhaltungskosten angestrebt. Die mittel- bis langfristigen Auswirkungen auf die Wirtschaftlichkeit und den Wert des Unternehmens werden meist vernachlässigt. Dies wird derzeit noch verstärkt durch Zurückhaltung der Unternehmen bei Investitionen in Neuanlagen sowie durch verlängerte Nutzungsdauern der Anlagen innerhalb der möglichen Kalenderzeit.

Zudem werden unsere Anlagen älter, die Unterstützung durch externe Spezialisten wird schwieriger und schnellere Produkt-Wechsel bzw. die Ablösung von Typenreihen beim Lieferanten führen u. a. zu höheren Ersatzteil-Beständen und ggf. zu Ersatzinvestitionen.

Zusätzliche Veränderungstreiber ergeben sich u. a. auch aus neuen gesetzlichen Auflagen (Umwelt, Arbeitssicherheit, EU-Recht, ...), aus neuen Technologien (Informations- und Kommunikationstechnologie), aus der Informationszunahme und dem damit erforderlichen

---

[3] Vgl. Stahl, et al. (2006)

Wissenstransfer sowie aus benötigten Zertifizierungen, Auditierungen und Validierungen (EN ISO 9001, TS 16949, EN ISO 14001, EMAS, OHSAS 18001, ...)
Fehlendes Grundverständnis für die Problemstellungen der Instandhaltung auf der Managementebene und z. T. fehlende Kenntnisse über rechtliche und betriebswirtschaftliche Zusammenhänge, über neue Instandhaltungskonzepte sowie über die Auswirkungen und Konsequenzen schlechter bzw. mangelnder Instandhaltung auf der Instandhaltungsseite machen den Umgang mit dieser Situation nicht leichter.

Der Instandhalter ist sehr stark technisch orientiert und hat nur sporadisch gelernt, kaufmännisch zu denken und zu handeln. Er ist nur selten in der Lage, sich und seinen Beitrag zur Steigerung des Unternehmenswertes zu quantifizieren bzw. seine Leistung zu „verkaufen". Daraus resultiert sein „Image-Problem".

Instandhaltung rückt immer dann ins Rampenlicht, wenn die Anlagen ungeplant stehen, ein Crash eintritt, die Verfügbarkeit nicht eingehalten wird oder Termin- und Kostenrahmen überschritten werden. Dass der Prozess „Instandhaltung" sonst tagaus tagein reibungslos funktioniert, wird wie selbstverständlich hingenommen.

Der Instandhalter wird oft noch als der „Mann im Blaumann mit Ölkanne" gesehen – eine wirklich nicht mehr zutreffende Sicht. Der heutige Instandhalter ist ein hochqualifizierter Spezialist, der sich permanent weiterbilden und qualifizieren muss, um die Verfügbarkeit der immer komplexer werdenden technischen Anlagen zu gewährleisten.

3 Wie kann der Mehrwert der Instandhaltung verdeutlicht werden? Welche Werte schafft die Instandhaltung?

In einem prozessorientierten Unternehmen muss sich die Instandhaltung als unterstützender Prozess des Produktionsprozesses begreifen. Das bedeutet, dass die Instandhaltung nicht nur über die Reduzierung der IH-Kosten oder die Verringerung der Ersatzteilbestände etc. nachdenken sollte, sondern auch überlegen muss, welchen Beitrag sie für die Wertschöpfung eines Unternehmens leistet.

Eine moderne Instandhaltung muss sich an den Produktionsengpässen orientieren, um einen möglichst großen wirtschaftlichen Nutzen für das Unternehmen zu erreichen. Die Forderung nach höherer Anlagenverfügbarkeit bei gleichzeitiger Forderung nach Einsparungen in der Instandhaltung führt allerdings zu einem Konflikt.

Wenn eine Engpassanlage ausfällt, werden die nachfolgenden Produktionsprozesse maßgeblich beeinflusst, was stets mit hohen Folgekosten verbunden ist. Hier bietet das Konzept einer Vorausschauenden Instandhaltung - Predictive Maintenance – einen Lösungsansatz. Ziel dieses Konzeptes ist, verschleißbedingte Schäden an Bauteilen mit Hilfe von geeigneter Messtechnik während der Produktion zu erfassen, durch periodische Beobachtungen zu dokumentieren und mit Unterstützung moderner Informationstechnik Aussagen über die Restlebensdauer eines Bauteils zu machen, um es dann in einem geplanten Produktionsstillstand wechseln zu können.

Die Strategie darf allerdings kein Selbstzweck sein. Sie hat sich den Anforderungen der Produktion anzupassen. Die Verfügbarkeit muss nicht maximal sein, sie muss bedarfsgerecht sein. Das bedeutet, dass immer da, wo eine kostengünstigere Instandhaltungsstrategie sinnvoll und möglich ist (wie beispielsweise eine Reaktive Strategie oder auch eine Vorbeugende Strategie), diese entsprechend eingesetzt wird.

Ungeplante Instandhaltungsarbeiten und damit auch ungeplante Produktionsstillstände sind immer mit zusätzlichen Kosten verbunden und haben zur Folge, dass:

- Erforderliches Personal für die Reparatur nicht unmittelbar zur Verfügung steht
- Werkzeuge und Ersatzteile nicht sofort verfügbar sind
- Unter Umständen die gesamte Produktionsplanung umgestellt werden muss
- Die Liefertreue gefährdet ist

Ziel muss es sein, diese zu minimieren bzw. ganz zu vermeiden, insbesondere an Engpassanlagen.

Der Nutzen für das Unternehmen ergibt sich aus:

- Der Erhöhung der Zuverlässigkeit von Engpassanlagen
- Der Optimierung von Instandhaltungsmaßnahmen
- Reduzierung von Produktionsausfällen aufgrund ungeplanter Instandhaltungsarbeiten

Um den Nutzen zu bewerten, können die durch Instandhaltungsaktivitäten vermiedenen Produktionsausfälle mit einem entsprechenden Deckungsbeitrag bewertet werden.

Die Instandhaltung muss ihr eigenes Selbstverständnis ändern. Sie muss von ihrem Image als reiner Kostenverursacher wegkommen. Überall da, wo sie nachweisbar dazu beiträgt, die Anlagenverfügbarkeit zu erhöhen, kann dies im Kontext einer betriebswirtschaftlichen Betrachtungsweise, nämlich dem Deckungsbeitrag, bewertet werden. Die Frage ist, wie sich ein sinnvoller Deckungsbeitrag aus einer Instandhaltungsmaßnahme ableiten lässt.

Deckungsbeitrag als Kenngrösse

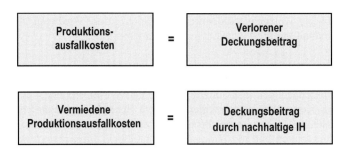

Abb. 4: Deckungsbeitrag als Kenngröße[4]

---

[4] Quelle: Aluminium Norf GmbH

Der Ansatz dazu ist denkbar einfach: Wenn eine Ausfallzeit bekannt ist, lässt sich daraus eine verloren gegangene Produktionsmenge und damit ein entsprechender Deckungsbeitrag errechnen. Dabei ist allerdings zu berücksichtigen, dass die Ausfallzeit einer Anlage zu einem Zeitpunkt t1 unter Umständen anders zu bewerten ist als zu einem Zeitpunkt t2. Dies ist genau dann der Fall, wenn die Auswirkungen des Ausfalls unterschiedlich sind oder aber die Auslastung der Anlage weniger als 100% beträgt. Das bedeutet, dass ein Modell zur Berechnung eines instandhaltungsrelevanten Deckungsbeitrags unterschiedliche Produktionsbedingungen berücksichtigen muss. Ausfallkosten sind also direkt mit einem verlorengegangenen Deckungsbeitrag korreliert. Das bedeutet andererseits, dass durch Instandhaltungsaktivitäten vermiedene Produktionsausfälle durch einen entsprechenden Deckungsbeitrag bewertet werden können.

Die Berechnung dieses Deckungsbeitrages hat folgende Randbedingungen zu erfüllen:

- Ausfall von vor- und nachgelagerten Produktionsanlagen
- Puffer vor den Anlagen
- Aktuelle Auslastung der Anlage
- Verteilen der Produktion auf andere Anlagen
- Unterschiedliche Ansätze für eine best case/worst case - Analyse

Dieses Modell steckt somit einen sehr genauen Rahmen ab, in welchem vermiedene Ausfallkosten durch Instandhaltungsaktivitäten bewertet werden können.

Beispiel Deckungsbeitrag (Prinzip)

Berechnung vermiedener Ausfallzeiten an einzelnen Anlagen

Geben Sie die geschätzten Ausfallzeiten der jeweiligen Anlage ein (in Stunden):

Geben Sie den Nutzgrad der jeweiligen Anlage ein (in %):

Best Case

Produktions-Anlage	vermiedene Ausfallzeit h/Anlage	Plan Nutzgrad %	ausgefallene Prod.-Zeit h	Plan Leistung t/h	Prod. t	Plan DB €uro/t		DB €uro
Anlage 1	4	80,00%	3,20	6	19	35,00	=>	672
Anlage 2	2	70,00%	1,40	8	11	33,00	=>	370
Anlage 3	3	75,00%	2,25	10	23	30,00	=>	675
Anlage 4	0	85,00%	0,00	12	0	28,00	=>	0

Bestandspuffer zwischen den Anlagen nicht berücksichtigt

								1.717

Worst Case

Produktions-Anlage	vermiedene Ausfallzeit h	Plan Nutzgrad %	Prod.-Zeit h	Plan Leistung t/h	Prod. t	Plan DB €uro/t		DB €uro
Anlage 1	16	80,00%	12,80	6	77	35,00	=>	2.688
Anlage 2	8	70,00%	5,60	8	45	33,00	=>	1.478
Anlage 3	4	75,00%	3,00	10	30	30,00	=>	900
Anlage 4	0	85,00%	0,00	12	0	28,00	=>	0
								5.066

Abb. 5: Beispiel Deckungsbeitrag[5]

---

[5] Quelle: Aluminium Norf GmbH

Wir können damit die Instandhaltungskosten dem von ihr generierten Nutzen gegenüberstellen und den Mehrwert durch Instandhaltung aufzeigen. Es ist eine mögliche praxistaugliche Kenngröße für die Bewertung vermiedener Produktionsausfälle und der durchgeführter Instandhaltungsaktivitäten.

4   Wie geht es weiter?

Die Instandhaltung befindet sich in einem permanenten Wandel, bestehende Strukturen und Aufgabenteilung werden in Frage gestellt. Die Erwartungen an die Instandhaltung steigen kontinuierlich. Steigende Automatisierung, verkettete Anlagen sowie die Forderungen nach höheren Erträgen, besserer Verfügbarkeit der Anlagen, Einhaltung der Liefertreue, Vermeidung von Produktionsausfällen, geringerem Ressourcenverbrauch, hoher Arbeitssicherheit und aktivem Umweltschutz bieten immer wieder neue Herausforderungen.

Instandhaltung muss heute ergebnisorientiert sein. Routine-Prüftätigkeiten in festgelegten Intervallen oder gar nur die Instandsetzung nach Ausfällen erfüllen die Anforderungen nicht mehr. Instandhaltungskonzepte und an den Produktionsprozess angepasste Instandhaltungsstrategien sind wieder gefragt. Unternehmen setzen aufgrund der erforderlichen hohen Anlagenverfügbarkeit verstärkt auf qualifizierte Mitarbeiter (die sich ständig weiterbilden müssen) und auf optimierte Instandhaltungsstrategien.

Während in der Vergangenheit reaktive und präventive Instandhaltungsstrategien dominierten, richtet sich das Augenmerk heute mit steigender Tendenz auf zustandsorientierte und vorausschauende Instandhaltungsstrategien. Dies resultiert daraus, dass die Kosten für unterlassene oder fehlerhafte Instandhaltung etwa 3-5 mal so hoch wie die direkten Instandhaltungskosten eingeschätzt werden.

Insbesondere in den letzten Jahren haben sich optimierte Strategien und Konzepte entwickelt (z.B. Condition Monitoring mit z.B. Schwingungsanalyse, Thermografie, Ultraschall oder Ölanalysen) und sind für die Praxis wirtschaftlich nutzbar geworden. Zustands-, Risikoorientierte- oder Vorausschauende Instandhaltung sind mittlerweile weit mehr als nur Schlagworte.

Full-Service-Angebote von Dienstleistungsunternehmen oder Teleservice-Angebote der Hersteller bieten zudem Unterstützung durch externe Spezialisten. Erfahrungen zeigen, dass stark wertsteigernde Effekte vornehmlich aus einer engen Zusammenarbeit von Betreibern, Herstellern und Dienstleistern und dem synergetischen Zusammenwirken dieser Erfahrungen, dem Wissen und der Fähigkeiten der in den Unternehmen beschäftigten Mitarbeiter resultieren.

Die Nachhaltigkeit der Instandhaltung ist ein ebenfalls heftig diskutiertes Thema. Diese Potenziale einer nachhaltigen Instandhaltung werden jedoch bisher nur von einem geringen Teil der Industrie anerkannt und genutzt. Ein nachhaltiger und wirtschaftlicher Ressourceneinsatz wird oft noch als widersprüchlich erachtet.

Für die geringe Akzeptanz für Konzepte nachhaltiger Instandhaltung gibt es verschiedene Gründe:

- Neue Technologien wie z.B. die Sensorik im Feld der zustandsorientierten Instandhaltung haben bisher eine noch zu geringe Anwendungsbreite und einen zu geringen Bekanntheitsgrad.
- Im Zusammenspiel der Unternehmensfunktionen wird die Instandhaltung noch oft unzureichend aufbau- und ablauforganisatorisch sowie informationstechnisch integriert.
- Technologiehersteller, Maschinen- und Anlagenbauer und Produzenten aus beispielsweise der Automobil-, Konsumgüter oder Investitionsgüterindustrie haben bisher nur wenige und oft unzureichende unternehmensübergreifende Leistungsangebote, Geschäftsmodelle und Kooperationsbeziehungen entwickelt, um dem ökonomischen und ökologischen Potenzial nachhaltiger Instandhaltung gerecht zu werden.

Wandel, Erneuerung und Zukunftsfähigkeit sind entscheidende Erfolgsfaktoren der produzierenden Industrie am Standort Deutschland. Nachhaltige Instandhaltung schafft Werte, Werte schaffen Zukunftsfähigkeit. Nachhaltige Instandhaltung leistet damit einen wesentlichen Beitrag zur Sicherung des Standortes Deutschland.

In einigen Bereichen der Industrie hat man die Zeichen erkannt und bereits reagiert. Aber gerade im Bereich der KMU gibt es Handlungsbedarf.

Wir müssen erreichen, dass aufgrund der veränderten Prozesse die Instandhaltung selbst ihre veränderte Position und Aufgabenstellung erkennt und dass das Management die Wertigkeit der Instandhaltung innerhalb des Unternehmens akzeptiert. Die Beherrschung einer zunehmend vernetzten, hoch komplexen und automatisierten Produktion erfordert eine ebenso ausgerichtete und hochqualifizierte Instandhaltung, die einen ökologischen und ökonomischen Betrieb der Anlagen gewährleistet. Nur so kann die Instandhaltung ihren Part zum Erfolg beitragen und Unternehmen ihre Wettbewerbsfähigkeit wahren.

Die Instandhaltung ist ein strategischer Erfolgsfaktor – und nicht nur ein Kostenfaktor! Richtig eingesetzt, ist sie ein wirksames Instrument zur Kostenvermeidung.

Wir – das FVI – sehen eine moderne und auf die Zukunft ausgerichtete Instandhaltung und deren Mehrwert durch folgende Aspekte verdeutlicht:

- Instandhaltung liefert ein Produkt: definierte Verfügbarkeit und Nutzungsdauer von Maschinen und Anlagen. Damit ist sie bilanzierbar, da die Leistungen und die Kosten quantifizierbar und transparent sind.
- Instandhaltung muss ergebnis- und nicht mehr tätigkeitsorientiert ausgerichtet sein. Sie orientiert sich an den Unternehmenszielen und die Wirtschaftlichkeit der Instandhaltung wird mittels Kennzahlen und Benchmarks transparent gemacht.
- Zur Umsetzung strategischer Ziele in konkrete Aktionen werden unterstützende Managementsysteme (z.B. Balanced Scorecard - BSC) eingesetzt.
- Zielvereinbarungen, monatlicher Statusreport und Instandhaltungs-Controlling sind standardmäßig etabliert.

- Instandhaltung muss prozessorientiert und proaktiv sein. Sie muss agieren – nicht reagieren! Instandhaltung ist als gleichwertiger Unternehmensprozess akzeptiert und integriert.
- Instandhaltung orientiert sich am Nachhaltigkeitsprinzip. Sie weist damit eine ökonomische, ökologische, soziale und technische Dimension auf.
- Mitarbeiter werden entsprechend ihrem Aufgabenspektrum qualifiziert und werden durch geeignete Methoden und Werkzeuge unterstützt.

Die Instandhaltung lernt und entwickelt sich permanent weiter. Sie muss mit der technischen Entwicklung mithalten – ja, eigentlich ihr eigentlich immer ein Stück voraus sein.

5 Wie muss sich die Instandhaltung zukünftig positionieren? Was muss sich ändern?

Es wird Veränderungen geben, an denen eine moderne und betriebswirtschaftlich ausgerichtete Instandhaltung nicht „vorbeikommen" wird:

- Hersteller, Betreiber, Instandhalter, Kundendienste, Dienstleister, Verbände und Forschungseinrichtungen schließen sich zusammen und kooperieren, um den sicheren Betrieb der technischen Anlagen zu gewährleisten (Life-Cycle Management). Die Anlagenverfügbarkeit ist sicherzustellen – ob durch eigene Instandhalter, Outsourcing, Betreiber-Konzepte oder über die komplette Vergabe der Instandhaltung.
- Instandhalter unterschiedlicher Unternehmen und Branchen vernetzen sich. Solche Netzwerke unterstützen den Wissenstransfer bzw. den Erfahrungsaustausch untereinander und sind Basis für weitere Optimierungspotenziale und für eine kontinuierliche Weiterentwicklung der Instandhaltung.
- Die Instandhaltung wird mobil. Sie erkennt frühzeitig technische Veränderungen und stellt sich darauf ein. Der Einsatz neuer Technologien (z. B. RFID) gestaltet Prozesse in der Instandhaltung transparenter und effizienter und ermöglicht die schnelle Beschaffung und Weiterleitung von Wissen. Die Intelligenz wird auf das Bauteil „Vor Ort" verlagert, Anlagen sind vernetzt (Sensorik) und kommunizieren miteinander. Rückverfolgbarkeit und der Nachweis der Durchführung von Maßnahmen wird gewährleistet.
- Zustandsabhängige Instandhaltung (Nutzung von Condition Monitoring) oder Vorausschauende Instandhaltung sind Standard und Basis für die Entwicklung praxisgerechter zuverlässiger Prognosemodelle zur Bestimmung des Abnutzungsverlaufes und der Restnutzungsdauer von Maschinen und Anlagen.
- Identifikation neuer Technologien, deren nutzbringende Anwendung und konsequente Nutzung der Informationstechnik zur schnellen Beschaffung und Weiterleitung von Wissen sind zwingende Voraussetzung. Instandhaltung beruht auf Erfahrung und Wissen. Die Informationen, die in Wissen umgewandelt werden müssen, nehmen ständig zu. Mit modernen Kommunikations- und Informationstechniken kann Wissen schnell und überall abrufbar zur Verfügung gestellt werden.

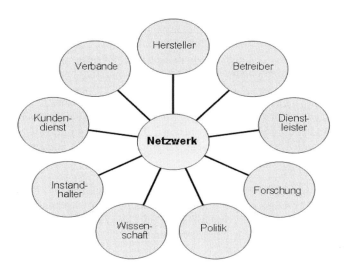

Abb. 6: Wertschöpfungsnetzwerk[6]

- Die Ansprüche an das Instandhaltungspersonal steigen ständig. Dies führt zu einer stärkeren Spezialisierung bzw. höheren Qualifizierung. Eine moderne Instandhaltung benötigt gut ausgebildetes und hoch motiviertes Personal. Neben einem umfassenden technischen Sachverstand, der Fähigkeit, komplexe Prozesse systemtechnisch zu durchdringen und interdisziplinär zu denken und zu handeln, muss ein Instandhaltungsmitarbeiter auch über ökonomische, ökologische und juristische Kenntnisse verfügen. Hierzu gehören auch soziale Kompetenz und die Fähigkeit im Team zu arbeiten und Konflikte zu lösen. Die Bereitschaft zur Verantwortungsübernahme, gepaart mit eigenständigem Handeln, sind wichtige Voraussetzungen.
- Das Arbeits- und Berufsbild sowie die Aus- und Weiterbildung in der Instandhaltung passt sich den neuen Anforderungen an. Das Instandhaltungswissen muss auf ein hohes Niveau gebracht oder gehalten werden, um Schäden und Produktionsausfälle auch zukünftig sicher zu vermeiden. Das persönliche Erfahrungswissen der Praktiker muss daher teilweise deutlich verbessert und weitergegeben werden. Dies gilt insbesondere für kleine und mittelständische Unternehmen.
- Permanente Aus- und Weiterbildung („lebenslanges Lernen") ist notwendig. Hochschulen und Universitäten erkennen die neue Rolle der Instandhaltung und passen ihre Lehrinhalte an das neue Berufsbild des Instandhalters an.
- Enge Zusammenarbeit mit Universitäten und Instituten und Nutzung und Umsetzung von Forschungsergebnissen zur Sicherstellung technischer Entwicklungen und Know-hows und damit einhergehende Sicherung von Arbeitsplätzen sind zwingende Voraussetzung.

Um mit ihrer Leistung – ihrem Mehrwert – die Wettbewerbsfähigkeit des Unternehmens sicherzustellen, muss sich die Instandhaltung weiter entwickeln und sich immer wieder den Gegebenheiten des Marktes und den Zielen des Unternehmens anpassen.

---

[6] Quelle: FVI (Forum Vision Instandhaltung)

6 Zusammenfassung

Instandhaltung ist komplex, innovativ und spannend – ein Leistungsträger unserer Gesellschaft. Die Betrachtung der Instandhaltung als Kostenfaktor muss „passé" sein. Instandhaltung schafft Werte im Unternehmen – und trägt zu dessen Erfolg bei.

Um dies transparent zu machen, müssen wir die Instandhaltungs-Kosten dem von ihr generierten Nutzen gegenüberstellen! Wir müssen den Mehrwert durch Instandhaltung aufzeigen und die Instandhaltung bilanzierfähig machen! Eine praxistaugliche Möglichkeit ist die Bewertung der vermiedenen Produktionsausfälle und Instandhaltungsaktivitäten über den Deckungsbeitrag als Kenngröße.

Instandhaltung hat wesentlichen Einfluss auf die Lebenszykluskosten. Durch Wissen und durch geeignete Werkzeuge schafft die Instandhaltung Werte (Abnutzungsvorräte) und trägt damit zur Wertschöpfung im Unternehmen bei. Die Wirtschaftlichkeit der Instandhaltungsprozesse steigert den Unternehmenswert und sichert deren Wettbewerbsfähigkeit.

7 Literatur

- Aluminium Norf GmbH: www.alunorf.de
- Forum Vision Instandhaltung: www.fvi-ev.de

Volkswirtschaftliche Daten sind der nachfolgend angeführten Untersuchung entnommen:

- Stahl, B.; Kuhn, A.; Schuh. G., et al.(2006): Trends, Potenziale und Handlungsfelder Nachhaltiger Instandhaltung. Ergebnisbericht der vom BMBF geförderten Untersuchung „Nachhaltige Instandhaltung". VFI – VDMA Gesellschaft für Forschung und Innovation mbH, Frankfurt; Fraunhofer IML – Fraunhofer-Institut für Materialfluss und Logistik, Dortmund; WZL – Laboratorium für Werkzeugmaschinen und Betriebslehre der RWTH Aachen.

Manufacturing Excellence

Instandhaltung als Kernpunkt der Kostenoptimierung

Martin Bergermann

Steigender Kostendruck und wachsende Anforderungen der Produktqualität stellen moderne Produktionsbetriebe immer wieder vor die Frage: Welches Konzept zur Instandhaltung liefert die größten Vorteile für unseren Produktionsbereich? Die Möglichkeiten diese Frage zu beantworten sind vielfältig und unterliegen einer starken Abhängigkeit der jeweiligen Branche und der verwendeten Technologie. Wir haben für uns diese Frage mit einem systematischen Konzept beantwortet, das wir mit dem Begriff "Manufacturing Excellence" umschreiben.

Die Johnson und Johnson GmbH produziert als Marktführer des Tamponmarktes den o.b.-Tampon am Standort Wuppertal. Die verwendete Maschinenplattform ist eine technologische Eigenentwicklung und nicht auf dem freien Markt verfügbar. Durch hohe Produktionsauslastungen, steigende Qualitätsanforderungen und ständigen Kostendruck sind Wartungs- und Instandhaltungsmaßnahmen entscheidend für eine erfolgreiche Marktführerschaft.

Kernpunkte der Diskussion:

- *Instandhaltung als Treiber der Produktivitätssteigerung*
- *Konzept und Struktur von Manufacturing Excellence*
- *OEE als Baustein des Optimierungskonzeptes*
- *Rollen, Aufgaben und Verantwortlichkeiten der Mitarbeiter*
- *Welches Potential haben wir bereits genutzt?*

Manufacturing Excellence

Manufacturing Excellence ist eine systematische Methode zur Messung, Analyse und Optimierung von Produktions- und Wartungsprozessen. Die Zielsetzung konzentriert sich auf:

- Erhöhung der Zuverlässigkeit der Anlagen
- Verbesserte Nutzung des Anlagenvermögens
- Bessere Nutzung eingesetzter Ressourcen (Manpower) und somit Reduzierung der Gesamtkosten.

Die Methodik basiert auf drei Kernkomponenten:

1. Prozesse:
   - Work Planning & Control
   - Productivity & Effectiveness Process
   - Equipment Reliability
   - Parts Inventory Management

2. Ergebnisse:
   - OEE_2
   - Kosten

3. Mitarbeiter

Mit diesem Hintergrund wurde ein Prozess entwickelt, der vor allem das Potential der Mitarbeiter nutzt und durch systematische Arbeitsmethoden eine klare, transparente Vorgehensweise darstellt.

Die Steuerung des Konzeptes stützt sich auf Kennzahlen, einen kontinuierlichen Zielvereinbarungsprozess und Arbeitsmethoden nach Six Sigma und Lean Manufacturing. Die Kennzahlen helfen den Prozess zu visualisieren und messbar zu machen. Die Zielvereinbarungen liefern Transparenz und klar verständliche Zielgrößen. Die Arbeitsmethodik nach Six Sigma ist die Grundlage der systematischen Optimierung. Die fachliche Qualifikation der Mitarbeiter erfolgt durch kontinuierliche fachliche und technische Trainings, die persönliche Weiterentwicklung wird durch Teamtrainings forciert.

Partnerschaftliche Beziehungen bilden die Grundlage des Teamkonzeptes und Verantwortlichkeiten sind nicht in Silos organisiert, sondern durch Prozessketten miteinander verknüpft. Neben Arbeitssystematik und analytischen Arbeitsmethoden ist es vor allem das Potential der Mitarbeiter, das unserem Konzept zum Erfolg verhilft. Nur wenn Mitarbeiter auch die Möglichkeit bekommen, ihr Potential zu entwickeln, kann dieses genutzt werden.

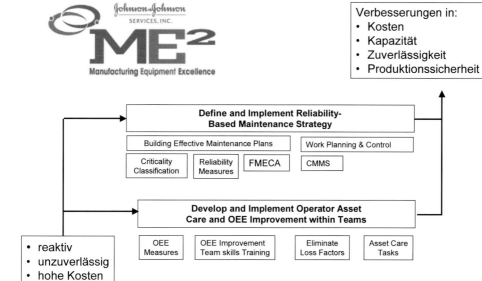

Abb. 1: Manufacturing Equipment Excellence bei Johnson und Johnson GmbH

Outsourcing oder Re-Insourcing? Ermittlung der Kerneigenleistungstiefe in der Instandhaltung

Entscheidungsunterstützung zur Erhöhung der Wettbewerbsfähigkeit

Wilfried Sihn, Kurt Matyas

Unternehmen in westlichen Industrieländern sehen sich verschärftem internationalem Wettbewerb, gesteigerten Service- und Qualitätsansprüchen der Kunden und steigendem Druck zur Produktivitätserhöhung ausgesetzt. Im Rahmen von Reorganisationsprojekten sollte überprüft werden, ob und welche Verbesserungspotenziale ausgeschöpft werden können, um die hohe Qualität der Produkte sowie die Effizienz - insbesondere in den indirekten Bereichen - durch geeignete Organisationsstrukturen sicherzustellen und zu verbessern. Der Einsatz der Methode KET (Kerneigenleistungstiefe) ist eine Unterstützung bei der Entscheidung, welche Prozesse z.B. direkt an der Produktionslinie von eigenem Personal durchgeführt werden sollten und welche Tätigkeiten fremd vergeben werden können.

1 Konzentration auf Kernkompetenzen

Produktionsunternehmen haben sich in den vergangenen Jahren entlang der Wertschöpfungskette kundenorientiert in weitgehend selbständige Einheiten umstrukturiert. In diesen Wertschöpfungsnetzwerken, die entweder aus voneinander unabhängigen Unternehmen bestehen können oder Konzernstruktur haben, wird es für die Unternehmen immer wichtiger, sich auf ihre Kernkompetenzen zu konzentrieren.

Für unterstützende Prozesse wie z.B. Logistik, Instandhaltung oder auch das Qualitätsmanagement wird versucht, durch Fremdvergaben Kosten zu senken. Meist ist eine solche Fremdvergabe aber mit einer Veränderung der Unternehmenskultur verbunden und gewünschte Rationalisierungseffekte treten entweder gar nicht oder nicht im gewünschten Ausmaß ein. Außerdem ist eine Fremdvergabe auch mit gewissen Risiken verbunden, da Abhängigkeiten von den Outsourcing-Partnern entstehen. Die Organisation, Motivation und Leistungsbereitschaft des Kooperationspartners ist nicht so leicht beeinflussbar, wie dies bei internen Mitarbeitern möglich ist.

Die Kooperation mit einem Dienstleister erhöht meist auch den Administrations,- Koordinations- und Kontrollaufwand. Es kann auch sein, dass es langfristig zu einem Informationsverlust über Anlagen und Leistungen kommt. Die Ermittlung der Kerneigenleistungstiefe soll die Basis für eine sachlich-zielorientierte Entscheidungsfindung sein.

Logistik- bzw. Versorgungsketten (Supply-Chains) stellen Wertschöpfungsverbunde mit verschiedenen Partnern dar. Aus Sicht des Unternehmens, das Güter für den Markt erstellt, können diese Partner Lieferanten, logistische Dienstleister oder Endkunden sein. Die Prozessoptimierung in der logistischen Kette ist genau so wichtig, wie die Prozessoptimierung in der Produktion selbst (siehe Abb. 1).

```
┌─────────────────────────────────────────────────────────────┐
│ Marktsituation                                              │
│  • Verringerung von Informations- und Wissensvorsprüngen    │
│  • Kürzere Lebenszyklen von Produkten und Technologien      │
│  • Individuelle Produkte und dynamisches Nachfrageverhalten │
└─────────────────────────────────────────────────────────────┘
                              ▼
┌─────────────────────────────────────────────────────────────┐
│ Reaktion der Unternehmer                                    │
│  • Reduzierung der Produktionskosten                        │
│  • Verbesserung der Produktqualität                         │
│  • Permanenter Wandel in der Ablauf- und Aufbauorganisationen│
│  • Make or Buy Entscheidungen für Produkte und Dienstleistungen│
│  • Konzentration auf die Kernkompetenz in den indirekten Bereichen│
│  • Kundenorientierung intern wie extern                     │
└─────────────────────────────────────────────────────────────┘
                              ▼
┌─────────────────────────────────────────────────────────────┐
│ Anforderungen an das Unternehmen                            │
│  • Ausbildung von leistungsfähigeren Organisationsformen    │
│  • Abbau überzogener Arbeitsstellungen                      │
│  • Reduzierung der Eigenleistungstiefe                      │
└─────────────────────────────────────────────────────────────┘
```

Abb. 1. Situationsbeschreibung[1]

Die Ermittlung der Kerneigenleistungstiefe stellt die Basis für die Bildung einer leistungsfähigen Organisationsform dar.

2 Verfahrensbeschreibung

2.1 Verfahrensziel

Das Verfahren zur Bestimmung der Kerneigenleistungstiefe (KET) wurde vom Fraunhofer-Institut für Produktion und Automatisierung (IPA) entwickelt und ist ein Scoringverfahren, bei dem durch die Kombination zweier Bewertungsfaktoren ein Wert (Kerneigenleistungstiefe) ermittelt wird, dem eine Sourcingentscheidung zugrunde gelegt werden kann.

Der Vorteil liegt darin, dass nicht nur anhand von Kostenaspekten entschieden wird, sondern auch andere Kriterien, wie z.B. die Beibehaltung der Produktionsstabilität, messbar gemacht werden und in den Entscheidungsprozess einfließen.Das Hauptziel des Verfahrens ist die Schaffung einer fundierten Entscheidungsgrundlage für eine effektive und effiziente Beschaffung von externen Leistungen. Um dies gewährleisten zu können, macht es Sinn, ein Zielsystem (siehe Abb. 2) zu definieren. Ein zweidimensionales System, welches einer-

---

[1] Vgl. Sihn (2005)

seits die Kosten und andererseits die Qualität der Leistung betrachtet, den bietet den größten Vorteil (Hofmann 2006).

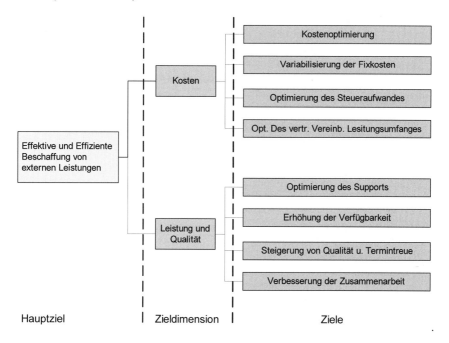

Abb. 2. Zielsystem für die Beschaffung externer Leistungen[2]

Die Frage, welche Tätigkeiten fremd vergeben werden sollen bzw. können und wie man die Chancen, die das Outsoucing bietet, bei gleichzeitiger Beherrschung des damit verbundenen Risikos nutzen kann, soll durch die nachfolgend beschriebene KET-Methode beantwortet werden.

2.2 Erster Schritt: Erfassung der Rahmenbedingungen

Für die Beantwortung der Frage, was die Rahmenbedingungen und Voraussetzungen für ein erfolgreiches Outsoucing sind, wird in einem ersten Schritt ein Unternehmens-Kurzportrait erstellt. Dafür wird eine Kurz-Analyse der betrachteten Bereiche durchgeführt, die zur qualitativen und quantitativen Erfassung und Beurteilung der Ist-Situation der Ablauf- und Aufbauorganisation sowie wichtigen Datenmaterials in den betrachteten Bereichen (z.B. Produktion, Instandhaltung, Logistik, Qualitätsmanagement, Controlling etc.) dient. Zur Kurzanalyse wird eine Checkliste eingesetzt, die im Wesentlichen folgende Aspekte berücksichtigt:

- Aufbau- und Ablauforganisation
- Produkte und Produktionsstruktur
- Kennwerte in zu untersuchenden Bereichen
- Materialwirtschaft / Ersatzteile

---

[2] Vgl. Hofmann (2006)

- Eingesetzte Verfahren, Methoden und Hilfsmittel
- Arbeitswirtschaftliche Aspekte
- Anlagen, Technologien und Anlagevermögen

2.3 Zweiter Schritt: Erfassung eines unternehmensspezifisches Anforderungsprofils

In diesem Schritt wird ein unternehmensspezifisches Anforderungsprofil an die betrachteten Funktionen bzw. Bereiche erstellt. Die in diesem Artikel beschriebene Vorgangsweise für die Anwendung der Methodik der Kerneigenleistungstiefe wird am Beispiel der Instandhaltung gezeigt. Analog dazu könnte auch die Kerneigenleistungstiefe für das Qualitätsmanagement, die Logistik, unterstützende Produktionsbereiche oder das Controlling ermittelt werden. Eine Vor-Ort-Besichtigung der Produktionsschritte mit einer Grob-Aufnahme der Wertschöpfungskette ist, neben der Durchführung von Interviews mit der Werksleitung und den Abteilungsleitern, die Basis für die Ableitung der wesentlichen Anforderungen an die betrachteten Bereiche.

- Für die Instandhaltung, die ja als Dienstleister für die Produktion fungiert, sind die Anforderungen aus diesem Bereich relevant. Für die Bestimmung der Kerneigenleistungstiefe ist es wichtig, diese Anforderungen für die jeweilige Unternehmenssituation individuell zu erheben. Die nachfolgend aufgelisteten Anforderungen sind einem Beispiel einer Werksanalyse an einem Beispielunternehmen entnommen und dienen zur bessern Illustration.
- Gewährleistung der Anlagenverfügbarkeit über die Hauptnutzungszeit
- Durchführung der vorbeugenden Instandhaltung
- Zeitnahe Störungsbehebung
- Vermeidung der Qualifikationsstreuung der Instandhaltungsmitarbeiter
- Bessere Zusammenarbeit zwischen Instandhaltung und Produktion
- Nachhaltige Instandhaltung zur Vorbeugung der Wiederholung von Störungen gleicher Ursache

Die Ermittlung der Anforderungen im Hinblick auf die Ermittlung der Kerneigenleistungstiefe wird am Beispiel der Instandhaltung besonders deutlich, da die Leistungen des Bereiches zur Erreichung der Ziele auf der einen Seite und die betroffenen Anlagen auf der anderen Seite analysiert und zueinander in Form zweier Indizes (Anlagen- und Leistungsindex) in Bezug gesetzt werden. Aus diesen beiden Größen errechnet sich die Kerneigenleistungstiefe.

2.4 Darstellung möglicher Leistungsklassen und Bestimmung der sicheren Fremdleistung

Leistungen in einem Unternehmen lassen sich in vier Leistungsklassen differenzieren:

- Die sichere Fremdleistung
- Die Leistungen indirekter Bereiche
- Der Atmungsbereich und
- Die Kerneigenleistungstiefe

Das Hauptkriterium für eine sichere Fremdleistung ist die Notwendigkeit von Spezialleistungen, für die erforderliche Spezialwerkzeuge und Know-how nicht vorhanden sind. Meist haben diese auch ein geringes Volumen. Beispiele aus der Instandhaltung sind die Prüfung von Druckbehältern, Wartung von Zeiterfassungsanlagen, Klimaanlagen, Kopierern usw.

Bei Leistungen für indirekte Bereiche, die keine Nähe zu Produktionsfunktionen haben und keine Auswirkungen auf verplante Kapazitäten haben, können Outsourcingentscheidungen ausschließlich nach Kostengesichtspunkten erfolgen. Beispiele dafür könnten die Wartung der Rolltore, die Prüfung, Wartung und Reparatur von Hebezeugen oder Krananlagen und die Wartung von Aufzügen sein.

Wenn die betrachteten Leistungen nicht zu den Klassen 1 und 2 gehören, werden sie mit der Methode KET in den Atmungsbereich und die Kerneigenleistung unterteilt. Atmungsbereich bedeutet, dass In- und Outsourcingentscheidungen nach Anlagen- und Leistungsindex (Bewertungskriterien) getroffen werden. (Abb. 3)

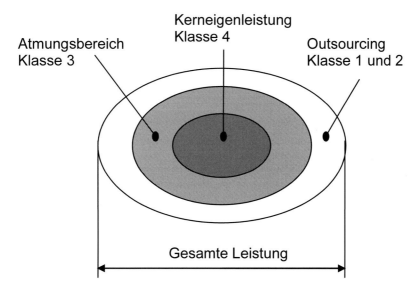

Abb. 3 Kerneigenleistung[3]

Wenn untersuchte Leistungen in den Bereich der Kerneigenleistung fallen, bedeutet das Insourcing oder Re-Insourcing der entsprechenden Leistungen. In der nachfolgenden Beschreibung des Kerns der KET-Methode wird am Beispiel der Instandhaltung im Überblick gezeigt, welche Schritte notwendig sind, um einen möglichst hohen Nutzen aus der Methode zu ziehen.

---

[3] Vgl. Dankl (1993)

2.5 Dritter Schritt: Bestimmung des Leistungsindex

Der Leistungsindex spiegelt den Zusammenhang der Leistungen des jeweiligen Bereichs (Logistik, Qualitätsmanagement, Instandhaltung etc.) zu den wesentlichen Anforderungen an den Bereich wider.

Zunächst werden alle Teilprozesse und Aufgaben, die von den Mitarbeitern eines bestimmten Bereichs durchgeführt werden, identifiziert und festgehalten (Tab. 1).

Tab. 1: Identifizierung von Teilprozessen und Aufgaben (Fallbeispiel-Auszug)

Teilprozess	Aufgaben
Mitarbeiterführung:	Rekrutierung + Schulung Stammpersonal Rekrutierung und Ausbildung Trainees Mitarbeitergespräch
Instandhaltung:	Störungsbehebung Kleinreparatur Werkzeugvorbereitung
Projektmanagement:	Erstellung von Vorstudien und Investitionsvorschlag Erstellung Investitionsantrag Projektmanagement vom Basic Engineering bis zur Abnahme und Produktionsübergabe
Mitarbeiterschulung und Unterweisung:	Planung und Durchführung von Schulungen inkl. Dokumentation und Wirksamkeitsprüfung Unterweisungen gemäß Bestimmungen Arbeitsschutz interne Schulungen ausarbeiten und Durchführung

Nun wird aus den vorab erhobenen Daten und Aufzeichnungen das Mitarbeiteräquivalent ermittelt und den Teilprozessen zugeordnet. Dies ist wichtig, um einen Bezug zwischen der erbrachten Leistung und den notwendigen Personalressourcen herzustellen. Zusätzlich erfolgt eine Klassifizierung, ob die Teilprozesse direkt oder indirekt an der Leistungserbringung beteiligt sind.

Als Kriterien werden jene übergeordneten Aspekte verstanden, die eine Auswirkung auf jeden Teilprozess haben. Es müssen deshalb jene Faktoren aus dem zu untersuchenden Bereich identifiziert werden, die auf Grund personeller Leistung, zum Beispiel an einer Anlage, einen Einfluss auf die zu optimierenden Prozesse haben. Für den Bereich der Instandhaltung könnten beispielhaft folgende Kriterien für den Leistungsindex angeführt werden:

- Gewährleistung der Produktionsfunktion (hoch, gering, nein)
- Auswirkungen auf verplante Kapazität /Vermeidung von ungeplanten Stillständen (hoch, gering, nein)
- Planbarkeit der Instandhaltung (ja, teilweise, nein)
- Leistungsart (Standard, Spezial)
- Erfordernis spezieller Werkzeuge/ Know-How (ja, teilweise, nein)

Um mit den oben definierten Zusammenhängen zwischen den Teilprozessen und deren Aufgaben mit den Einflussfaktoren arbeiten zu können, werden diese in ein numerisches System übergeführt. Bewährt hat sich ein Zahlensystem mit von 1 bis 5 zu vergebenden Punkten, wobei für einen wichtigen Zusammenhang 5, einen unwichtigen 1 und einen teilweise wichtigen 3 Punkte vergeben werden.

Aus der Forderung aussagekräftige Zahlenwerte zu erhalten, muss eine Bewertung der Kriterien untereinander erfolgen, da nicht jedes in gleichem Ausmaß auf den jeweiligen zu untersuchenden Prozess einwirkt. Um diesem Anspruch gerecht zu werden, wird ein paarweiser Vergleich der Kriterien durchgeführt (Abb. 4).

	Kriterium 1	Kriterium 2	Kriterium 3	Gewichtung	Prozentuell	Ranking
Kriterium 1		2	0	2		
Kriterium 2	0		1	1		
Kriterium 3	2	1		3		
Summe (100%)				6		

Abb. 4: Vergleichsmatrix

Anhand der daraus resultierenden Summen und prozentuellen Werte wird ein Ranking durchgeführt. Damit wird festgehalten, dass jenes Kriterium mit dem größten Zahlenwert den höchsten Einfluss hat beziehungsweise am wichtigsten ist. Die Berechnung des Leistungsindex für den jeweiligen Teilprozess wird wie folgt durchgeführt:

Die Berechnung der maximal erreichbaren gewichteten Punkte stellt die Basis für den Leistungsindex des jeweiligen Teilprozesses oder der jeweiligen Aufgabe dar, der sich dann wie folgt errechnet:

$$\text{Leistungsindex} = \sum \frac{\text{Erreichte Punkte Kriterium}x * \text{Gewichtung Kriterium}x}{\text{maximal erreichbare Punkte}}$$

In weiterer Folge wird dieser Leistungsindex mit dem jeweiligen Anlagenindex verknüpft und daraus wird die Kerneigenleistungstiefe ermittelt.

2.6 Vierter Schritt: Bestimmung des Anlagenindex

In diesem Schritt werden die Objekte, an denen Leistungen erbracht werden, durch die Bestimmung des Anlagenindex klassifiziert. Die zu untersuchenden Objekte sind alle Anlagen des Bereiches (Unternehmen, Standort, Abteilung). Darunter fallen auch Objekte, die auf den ersten Blick nicht augenscheinlich mit der Wertschöpfung zu tun haben (z.B. Gaszuleitungen oder Stromversorgung). Von diesen Objekten wird dann mittels der Kriterien die Wichtigkeit für den Produktionsprozess bestimmt.

Die Kriterien zur Bestimmung des Anlagenindex sollten alle Anlagen möglichst objektiv beschreiben. Beispiele für die Kriterien sind:

- Wertschöpfungsanteil
- Existenz redundanter Ausweichanlagen
- maximale Ausfallzeit der Anlagen
- Auslastung
- Störanfälligkeit

Diese Einflussfaktoren werden, wie beim Leistungsindex, mit Hilfe des paarweisen Vergleichs zueinander gewichtet um deren unterschiedliche Einflüsse zu berücksichtigen.

Das Bewertungssystem beschreibt die Wichtigkeit der einzelnen Einflussfaktoren bezogen auf die jeweilige Anlage. Dafür werden die Einflussfaktoren wiederum in mehrere Klassen unterteilt um daraus Zahlen für eine Berechnung zu bekommen. Ein Beispiel ist die Einteilung des Wertschöpfungsanteils in die Klassen: Klein, Mittel, Groß. Diese werden dann mit 1, 3 und 5 Punkten bewertet. Der Anlagenindex wird für jede Anlage mittels Summe der bewerteten gewichteten Einflussfaktoren berechnet und ergibt sich aus dem Verhältnis dieser Summe zur maximal erreichbaren Punktezahl.

2.7 Fünfter Schritt: Bestimmung der Kerneigenleistungstiefe: Einordnung der Einzelleistungen je Anlage und Visualisierung im Portfolio

Mit den bewerteten Verknüpfungen und den gewichteten Ausprägungen können nun die beiden KPI`s (Key Performance Indicators) für die Kerneigenleistungstiefe, der Leistungsindex sowie der Anlagenindex berechnet und im Portfolio dargestellt werden (Abb. 5).

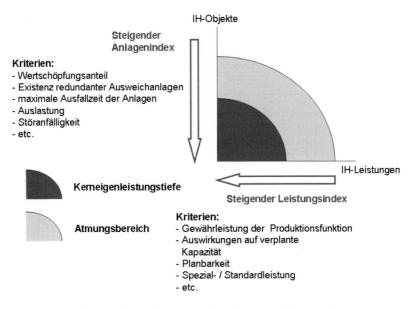

Abb. 5: Grafische Darstellung des Anlagen- und Leistungsindex

Je höher der numerisch ermittelte Leistungsindex ist, umso unverzichtbarer ist dieser Teilprozess für die Verfügbarkeit der Anlage. Umgelegt auf den Anlagenindex kann festgehalten werden, dass mit steigendem Index die Wichtigkeit der Anlage zur Erfüllung der Produktionsfunktion zunimmt beziehungsweise einen Prozess darstellt, der nicht ausgelagert werden sollte.

In diesem Schritt wird der Anlagen- und Leistungsindex mathematisch zur Kerneigenleistungstiefe zusammengefasst und zum besseren Verständnis graphisch in einem zweidimensionalen System dargestellt (Abb. 5).

Der Wert der Kerneigenleistungstiefe wird durch folgende Formel berechnet:

$$Kerneigenleistung = \sqrt[2]{(1-Anlagenindex)^2 + (1-Leistungsindex)^2}$$

		Anlagen-/Leistungsindex	Anlage 1 52%	Anlage 2 33%	Anlage 3 54%	Anlage 4 42%	Anlage 5 46%	Anlage 6 56%	Anlage 7 62%	Anlage 8 62%	Anlage 9 41%
Allgemeine Abteilungsführung	Abteilungsführung	46%	0,72	0,86	0,71	0,80	0,76	0,69	0,66	0,66	0,80
Mitarbeiterführung	Rekrutierung + Schulung Stammpersonal	52%	0,68	0,83	0,67	0,76	0,72	0,65	0,61	0,61	0,76
Investitionskosten	Koordination Budgetierungsprozess	52%	0,68	0,83	0,67	0,76	0,72	0,65	0,61	0,61	0,76
Instandhaltungskosten	Koordination Budgetierungsprozess	51%	0,69	0,83	0,67	0,76	0,73	0,66	0,62	0,62	0,77
Projektmanagement 3,38MA	Erstellung von Vorstudien und Investitionsvorschlag	70%	0,57	0,74	0,55	0,66	0,62	0,53	0,48	0,48	0,66
	Erstellung Investitionsantrag	70%	0,57	0,74	0,55	0,66	0,62	0,53	0,48	0,48	0,66
	Projektmanagement vom Basic Engineering bis zur Abnahme und Produktionsübergabe	82%	0,51	0,70	0,50	0,61	0,57	0,47	0,42	0,42	0,61
Instandhaltung 20,70	Wartung und Inspektion (auf Basis PM, geplante IH)	78%	0,53	0,71	0,51	0,62	0,58	0,49	0,44	0,44	0,63
	Störungsbehebung (unpeplante IH)	94%	0,49	0,68	0,47	0,59	0,54	0,44	0,38	0,38	0,59
	Kleinreparaturen (geplante IH)	78%	0,53	0,71	0,51	0,62	0,58	0,49	0,44	0,44	0,63

Abb. 6: Kerneigenleistung und Atmungsbereich (Fallbeispiel-Auszug)

In Abb. 6 entsprechen die dunkel hinterlegten Felder der Kerneigenleistung und die hell hinterlegten Werte dem Atmungsbereich. Somit kann es durchaus sein, dass eine bestimmte Leistung an manchen Anlagen der Kerneigenleistung entspricht und an anderen Anlagen in den Atmungsbereich fallen können. Zum Beispiel. würde die Störungsbehebung an Anlage 2 aufgrund des geringen Anlagenindex nicht in die Kerneigenleistung fallen, während sie an allen anderen Anlagen eine typische Kerneigenleistung darstellt. Die Portfolio-Darstellung dieser Situation ist in Abb. 7 dargestellt.

Abschließend werden alle Leistungen den in Abschnitt D Leistungsklassen zugeordnet, die eine Aussage bezüglich eines Grenzwertes zwischen Kerneigenleistungsbereich und Atmungsbereich, sowie Atmungsbereich und sicherem Outsourcing treffen sollen. Anhand dieser Abgrenzung wird eine Sourcingentscheidung getroffen.

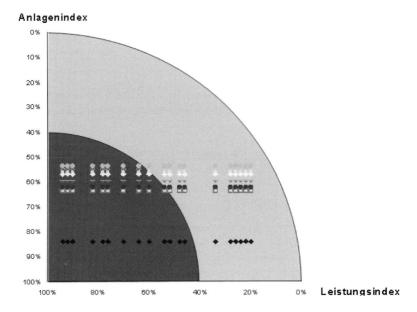

Abb.7: Grafische Darstellung des Anlagen- und Leistungsindex (Fallbeispiel-Auszug)

3 Zusammenfassung und Ausblick

Die Ermittlung der Kerneigenleistungstiefe schafft fundierte Grundlagen für Outsourcing- und/oder (Re)-Insourcing-Entscheidungen. Gemeinsam mit der Wahl der richtigen Kooperationsform und unter Berücksichtigung von Kostengesichtspunkten, kann so die Wettbewerbsfähigkeit der Unternehmen erhöht werden. In erfolgreich durchgeführten Projekten konnte die Kerneigenleistung auch für die Bereiche Qualitätsmanagement, wo QM-Leistungen und ein Produktindex bzw. Produktgruppenindex zur Bestimmung der Kerneigenleistung herangezogen werden, für die Logistik und für das Controlling ermittelt werden.

4 Literatur

- Dankl, A.; Stöger, G.: Outsourcing in der Instandhaltung – Vision und Realität in: Instandhaltungsmanagement im Wandel 9. Instandhaltungs-Forum. Verlag TÜV Rheinland 1993
- Hofmann, E. 2006: Kennzahlensysteme für Outsourcing-Dienstleistungen – Outsourcing-Leistungen durch die Entwicklung eines Kennzahlensystems überschaubar machen. Springer Logistik-akademie
- Kljajin, M.: Instandhaltungs-Organisationsformen und fertigungsintegrierte Instandhaltung. Werkstattstechnik 88 (1998) H.7/8
- Matyas, K. 2005 Taschenbuch Instandhaltungslogistik – Qualität und Produktivität steigern. Carl Hanser Verlag München
- Matyas, K; Rosteck, A: Die Kerneigenleistungstiefe in Wertschöpfungsnetzwerken. Wing Business 2/2007
- Sihn, W., Adolf, T. 2005 : Ermittlung der instandhaltungsspezifischen Kerneigenleistungstiefe

Verlängerung der Laufzeit

Anlagen und Komponenten gezielt nützen

Robert Kauer

1 Einführung

Schlecht ausgelastet oder still stehende Anlagen kommen Unternehmen teuer zu stehen und stellen in Zeiten von Globalisierung und Liberalisierung oftmals existenzielle Bedrohungen dar. Einen Ausweg versprechen Konzepte für ganzheitliche Analgentechnik und intelligente Instandhaltung. Mit solchen Konzepten lassen sich die Optimierungspotenziale bei Anlagen voll ausnutzen ohne die Zuverlässigkeit oder die Sicherheit zu gefährden.

Der ganzheitliche, risikoorientierte Ansatz macht sich bei der Anlagentechnik in zwei Punkten bemerkbar: Zum einen in der Betrachtung der gesamten Lebenszykluskosten eines Systems bzw. der gesamten Anlagen und zum anderen in der Verbindung von technischem und hier eben auch prozesstechnischem sowie betriebswirtschaftlichem Know-how. Meist werden bei der Planung von Anlagen die Folgekosten durch Instandhaltung nicht ausreichend gewürdigt. Dabei haben diese Kosten eben ganz entscheidende Auswirkungen auf die Wirtschaftlichkeit. Die wesentliche Zielsetzung der ganzheitlichen Anlagenbetrachtung besteht darin, die Betriebs- und Instandhaltungskosten unter komponenten- respektive systemübergreifenden Gesichtspunkten zu betrachten und zu senken sowie die Verfügbarkeit und Laufzeit von Anlagen zu erhöhen.

Voraussetzungen für eine erfolgreiche Umsetzung sind umfangreiche Erfahrungen mit der Historie von unterschiedlichsten Anlagentypen, ein umfassendes technisches Know-how und die Berücksichtigung betriebswirtschaftlicher Faktoren. Die Betrachtung umfasst vor allem Investitionskosten, Zuverlässigkeit, Verfügbarkeit, optimale Ausnutzung von Auslegungsreserven, Restlebensdauer und Leistungserhöhung der Anlagen, betriebswirtschaftliche Betrachtungen, etc.

Das Konzept lässt sich auf die spezifischen Erfordernisse von Unternehmen aus den verschiedensten Branchen anpassen, angefangen vom Anlagen- und Maschinenbau über die Chemie-, Energie-, Umwelt- und Versorgungswirtschaft bis hin zu öffentlichen Betrieben.

Ein entscheidender Faktor für den wirtschaftlichen Betrieb einer Anlage ist die Instandhaltung. Mit modernen Instandhaltungskonzepten werden ungeplante Ausfälle vermieden, Intervalle und Maßnahmen optimiert sowie der Wert der Anlage optimal erhalten. Nur so ist es möglich kosteneffizientes „Asset Management" zu betreiben. Voraussetzung hierfür ist die stärkere Orientierung am Anlagenzustand und an der Bedeutung von einzelnen Systemen und Komponenten für den Anlagenbetrieb. Moderne Instandhaltungskonzepte zielen darauf ab, starre Vorgaben durch flexible und angepasste Maßnahmen zu ersetzen und betriebsbegleitende Instandhaltungs- und Überwachungsmaßnahmen zu ersetzen.

Durch die Anwendung solcher Konzepte konnten wir Instandhaltungsmaßnahmen belegbar um bis zu 27% reduzieren und gleichzeitig die zeitliche Verfügbarkeit der Anlage signifikant erhöhen. Die hierdurch erzielbaren Einsparungen liegen schnell im Millionenbereich. Diese Größenordnungen werden auch in der Studie der RWTH Aachen und des Fraunhofer Instituts für Produktionstechnologie IPT mit dem Titel „Intelligent Maintenance" genannt. Nach der Befragung von über 1000 Unternehmen aus dem produzierenden Gewerbe werden Einsparpotenziale von 20 bis 35 Prozent hinsichtlich der Stillstandszeiten und 23 Prozent hinsichtlich der Instandhaltungskosten genannt.

2 Methodik

Um genau die oben genannten Gesichtspunkte angehen und abarbeiten zu können wurde vom TÜV SÜD das Konzept der risikoorientierten Instandhaltung (TÜV RoiM (Risk Oriented Inspection and Maintenance) entwickelt. Wesentliches Ziel hierbei war grundsätzlich, Unternehmen in ihrem Bestreben nach optimaler Verfügbarkeit und Sicherheit mit möglichst effizientem Kosteneinsatz zu unterstützen. TÜV RoiM berücksichtigt neben dem tatsächlichen Anlagenzustand auch die Wahrscheinlichkeit und die möglichen Folgen des Ausfalls einzelner Komponenten. So können dann optimierte Strategien entwickelt, effektive Verfahren und Maßnahmen angepasst eingesetzt werden.

Da die Aufgabenstellungen und Zielsetzungen sowie technische, rechtliche und organisatorische Randbedingungen stark variieren, wurde bei der Entwicklung des Grundprozesses größter Wert auf ausreichende Flexibilität gelegt, um so Kundenwünschen möglichst gerecht zu werden. Aus diesem Grund können Detaillösungen, je nach Branche bzw. zu betrachtendem Equipment, durchaus unterschiedlich ausfallen. Wesentlich ist jedoch diese in den Gesamtprozess zu integrieren.

Abbildung 1 zeigt den grundsätzlichen Ablauf, der wünschenswerter Weise in die bestehenden Management - optimalerweise Risk Management - Systeme eingebunden sein sollte. Wesentlich ist auch, dass die grundsätzlichen Randbedingungen (z. B. Definition der Risikomatrix) standortübergreifend etabliert werden sollten. Die technischen Abläufe sind dann an die jeweiligen anlagenspezifischen Gegebenheiten anzupassen. So werden sicherlich die zu hinterlegenden Prozesse zur Bestimmung der Restlebensdauer für aktive Komponenten (z.B. Pumpen) unterschiedlich sein zu denen für statisches Equipment (z.B. Wärmetauscher). Ebenfalls unterschiedlich sind sicherlich die rechtlichen Rahmenbedingungen (z.B. BetrSichV, WHG, ArbeitsschutzG).

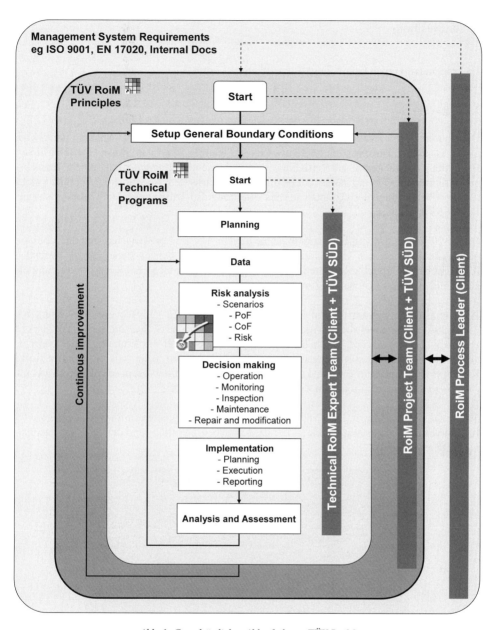

Abb. 1: Grundsätzliches Ablaufschema TÜV RoiM

3 Anwendung

Im Folgenden werden beispielhaft Anwendungen vorgestellt.

3.1 Raffinerie

Der Shutdown in einer Raffinerie – das geordnete Herunterfahren von Anlagen und Systemen – ist immer ein minutiös geplantes Projekt. Hierbei ist es von großer wirtschaftlicher Bedeutung Ausfallzeiten zu vermeiden und technische Anlagenqualität sowie Betriebs- und Arbeitssicherheit auf höchstem Niveau zu gewährleisten. So war die gesetzlich vorgesehene Überprüfung der Anlagen mittels Shutdown im entsprechenden Fünfjahresturnus für 2005 vorgesehen.

Da für 2007 eine größere Umbaumaßnahme geplant ist, ging es wirtschaftlich und operativ darum, die Frist für den Umbau zu verlängern und dabei höchste Sicherheit im laufenden Anlagenbetrieb aufrechtzuerhalten. Hierzu wurden wir sowohl in die Konzeptionierung als auch in die konkrete Umsetzung maßgeblich eingebunden.

Als technische Experten für die Erarbeitung von Lösungen zur Betriebsoptimierung berücksichtigen wir dabei die Anforderungen an die technische Sicherheit und Verfügbarkeit ebenso wie die wirtschaftlichen Belange des Betreibers und die Einhaltung der gesetzlichen Vorgaben. In Abstimmung mit den Aufsichtsbehörden haben wir unser TÜV RoiM Konzepts umgesetzt. In diesem konkreten Fall basiert es im Wesentlichen auf adäquaten Zusatz- und Ersatzprüfungen im Zeitraum von 2005 bis 2007.

So konnte der Shutdown 2005 verschoben und mit den geplanten umfangreichen Erweiterungsinvestitionen zusammengelegt, der Deckungsbeitrag erhöht und der Standort nachhaltig gesichert werden.

Abb. 2: Raffinerie

3.2 Prozessanlage

In einer Prozessanlage in Asien wurde aufgrund eines Fluidschocks eine Rohrleitung von der Rohrbrücke geschoben. Die Leitung wurde dabei an mehreren Stellen beschädigt blieb jedoch dicht. Die verschobene Leitung ist in Abbildung 3 ersichtlich.

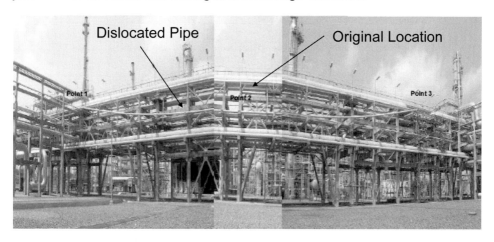

Abb. 3: Prozessanlage

Da es sich hierbei um eine für den Anlagenbetrieb äußerst relevante Leitung handelte – der Ausfall der Leitung und die notwendigen Reparaturmaßnahmen hätten mehrere Tage bis Wochen Stillstand der Gesamtanlage bedeutet – war es für den Betreiber äußerst notwendig kurzfristigst ein Konzept bereitzustellen, um den Anlagenbetrieb aufrechterhalten zu können. Da hierzu aufgrund der Toxizität des Mediums in der Leitung auch die entsprechenden Aufsichtsbehörden zustimmen müssen, wurde dieses Konzept auf der Grundlage unseres TÜV RoiM erarbeitet.

Mit Hilfe von entsprechenden Nullaufnahmen, Berechnungen (Fitness for Service) und einem Konzept für wiederkehrende Prüfungen konnten die Aufsichtsbehörden überzeugt werden. Die Anlage lief dann bis zum nächsten geplanten Shutdown (1 Jahr) ohne Probleme weiter.

3.3 Unterirdische Tanklagerleitungen

In einem Tanklager zur Übergabe des Rohöls vom Tanker zur Transportpipeline befinden sich mehrere kilometerlange unterirdische Rohrleitungen und Verteilerstationen zur Befüllung und Entleerung der Tanks. Die Leitungen befinden sich teilweise seit mehr als 40 Jahren in Betrieb. Hier galt es mit dem Betreiber ein Konzept zu erarbeiten, das die Instandhaltungsmaßnahmen für die nächsten 20 Jahre darstellt. Wichtig war hierbei, dass neben der Integrität der Leitungen, die in jedem Fall im Vordergrund zu stehen hat, auch die Erhaltung der Leitungen, deren Ersatz hohe Investitionskosten nach sich ziehen würde, zu berücksichtigen war.

Abb. 4: Tanklagerleitung

Auf Grundlage der Auswertungen der umfangreichen Prüfergebnisse aus der Historie wurden die Korrosionsdaten statistisch so aufgearbeitet, dass gesicherte Prognosen für die Zukunft erarbeitet werden konnten, die es ermöglichten den Maßnahmenplan für die nächsten 20 Jahre zu erarbeiten. Ein wesentlicher Bestandteil in diesem Konzept sind die nötigen wiederkehrenden Beurteilungen der gewonnenen Ergebnisse. Mit diesem Plan wurden langfristige und zukunftsgerichtete Budgetplanungen ermöglicht.

3.4 Containerterminal

Für ein Containerterminal ergeben sich aufgrund der gestiegenen Anforderungen an Umschlagkapazitäten in kürzeren Zeitspannen entsprechende Auswirkungen an die Instandhaltung. Hier müssen bisher bewährte Konzepte auf den Prüfstand, da sich Randbedingungen maßgeblich ändern. So reduzieren sich zum Beispiel die Zeiten, die für die Instandhaltung von Brückenkränen oder Van-Carrier zur Verfügung stehen, ständig, da die Auslastung der einzelnen Equipments ständig nach oben gefahren wird und gleichzeitige Überkapazitäten abgebaut werden.

Abb. 5: Containerterminal

Die Gewährleistung einer hochverfügbaren Container-Umschlagkapazität vor dem Hintergrund weiter wachsender Umschlagleistungen bei optimiertem Ressourceneinsatz sollte somit durch ein entsprechend angepasstes Instandhaltungskonzept erreicht werden.

Hierfür haben wir das Anforderungsprofil für die Umschlagprozesse dargestellt und die anforderungsprofilabhängige Kritikalität aller betrachteten Objektteile ermittelt. Der Aufwand (Maßnahmen und deren Umfang) wurde dann entsprechend der Objektteilkritikalität bestimmt. Aufgrund der ermittelten Daten konnte auch die optimale sowie die kritische Fuhrparkgröße ermittelt werden.

Condition Monitoring

Ein Beitrag zur wertschöpfenden Instandhaltung

Fred Kuhnert

Die stärkere Zuwendung zu einer planbaren Instandhaltung (Zustandsorientierte Instandhaltungsstrategie) führt direkt zur Anwendung moderner Diagnoseverfahren, welche das Zustandswissen einer Anlage oder Maschine hinreichend genau abbilden. Das Condition Monitoring hat sich als effizientes Verfahren in Kombination mit tangierenden Methoden entwickelt. Um die Potentiale des Verfahrens voll auszuschöpfen ist eine systematische Einführung notwendig. Dies sichert die Beachtung aller relevanten Einflussfaktoren, die richtige Auswahl der Auswertemethoden und Systemkonfiguration und letztendlich optimale Kosten.

Das Condition Monitoring ist als Werkzeug in ein ganzheitliches Strategiesystem der Instandhaltung einzubinden. Nur in Kombination mit weiteren Methoden, innovativen technischen und organisatorischen Lösungen wird das generierte Zustandswissen zum Effektivitätsfaktor transformiert. Die Anwendung des Condition Monitoring ist mittel- bis langfristig zu planen. In der Regel stellen sich signifikante Ergebnisse nach etwa ein bis zwei Jahren ein, wenn ausreichende Datenmengen generiert wurden und die Systemoptimierung abgeschlossen ist. Entscheidend sind dabei die bis zum Zeitpunkt der Einführung des Condition Monitoring praktizierte Instandhaltungsstrategie sowie die vom Kunden festgelegten Unternehmensziele.

1 Einleitung

Bei der Einführung des Condition Monitorings steht der Anwender vor eine Vielzahl von Fragen, die für die Durchführung dieses Vorhabens beantwortet werden müssen. Auf dem Markt werden mittlerweile viele Mess- und Diagnosesysteme sowie Geräte für das Condition Monitoring angeboten. Viele Systeme werden ohne ausreichendes Fachwissen hinsichtlich der Zielsetzung für die zustandsorientierte Instandhaltung falsch eingesetzt. Der künftige Anwender muss sich mit vielfältigen Fragestellungen zur neuen Instandhaltungsstrategie deren Systemauswahl und Implementierung auseinander setzen und Entscheidungen treffen. Sollen die IH Kosten reduziert werden oder liegt der Schwerpunkt bei der Sicherstellung der Verfügbarkeit der Anlagen. Darf hier ein Offline -System mit einem Datensammler eingesetzt werden, oder ist ein fest installiertes Online System technisch erforderlich bzw. wirtschaftlich sinnvoller? Wie setzt man die richtigen Grenzwerte? Wie sieht die Überwachungsstrategie aus?

Unternehmen, welche sich für die Einrichtung eines Condition Monitoring System entscheiden, sollten sich ausreichende Kenntnisse über die Komplexität der Planungs- und Entscheidungsaktivitäten sowie über die Einführungsaufwendungen verschaffen. Eine ausschließliche Betrachtung der Investition in Höhe des Kaufpreises eines technischen Systems ist nicht zulässig. Hinzu kommen in der Regel höhere indirekte Kosten für Bedienpersonal und dessen Ausbildung.

Zur effektiven Anwendung eines Schwingungsmeßsystems sind sehr umfangreiche Erfahrungen notwendig. Diese können nur über einen längeren Zeitraum erworben werden. Um so mehr ist es deshalb erforderlich, Expertenwissen zu nutzen und einen systematischen Ansatz für die Auswahl und Einführung des Condition Monitoring zu wählen. Aus den Bereichen der Kraftwerks-, metallverarbeitenden und chemischen Industrie werden an Hand praktischer Beispiele Offline - und Online - Systeme vorgestellt.

2 Anforderungen der Instandhaltung an die sich ändernden Wettbewerbsbedingungen

Wir befinden uns definitiv in der Ära der Wettbewerbsfähigkeit. Alle Unternehmen realisieren große Anstrengungen, um die ökonomischen Parameter ihrer industriellen Anlagen und ihres Handelns zu verbessern.

Der latent wirkende Wettbewerbs- und Kostendruck bedingt einen signifikanten Wandel in der Instandhaltung. Die Instandhaltung muss als Bestandteil der Unternehmenspolitik betrachtet werden. Denn sie prägt entscheidend die Verantwortung für Produktqualität, Verfügbarkeit und trägt somit entscheidend zum Markterfolg eines Unternehmens bei. Die Instandhaltungsexperten müssen sich verstärkt dem Trend einer umfassenden Innovation im Methoden-, Technologie -und Prozessbereich stellen.

Es sind Instandhaltungsstrategien zu entwerfen, welche modernen Unternehmens- und Produktionsleitlinien gerecht werden. Indikatoren dieser Strategien sind u.a.:

- Gewährleistung einer ausreichenden Zuverlässigkeit und Sicherheit der Anlagen
- Bedarfsgerechte Verfügbarkeit der technischen Systeme
- Maximale Ausschöpfung des Abnutzungsvorrates der technischen Systeme bei Gewährleistung aller notwendigen Umwelt- und Sicherheitsaspekte
- Generieren, Verwalten und Analysieren von Zustandswissen unter Einbeziehung der Erfahrungen und des Wissens erforderlicher Fachkräfte (im Unternehmen und externe Spezialisten)
- Optimierung der Instandhaltungskosten durch eine systematische und effiziente Instandhaltungsdurchführung.

Die Entwicklung erfolgreicher Konzepte, welche gesicherte Lösungsansätze für den optimalen Zeitpunkt der durchzuführenden Instandhaltung bieten, lässt sich nur durch einen kontinuierlichen und systematischen Ansatz realisieren. Wissenschaftliche Studien bieten gute Möglichkeiten einzelne technische Komponenten zu untersuchen. Für komplexe Anlagen sind diese Methoden oft aus Kostengründen nicht anwendbar. Zuverlässigkeitsrechnungen bieten bisher nur Annäherungen an eine Wahrscheinlichkeit, dass ein Ereignis eintritt. Verstärkt wird die Problematik, ausreichendes Zustandswissen zu generieren, durch die veränderte Stellung der Mitarbeiter im Instandhaltungsprozess.

Eine steigende Komplexität und Automatisierung der zu servicierenden Anlagen entfernen den Menschen immer mehr aus dem unmittelbaren Anlagenbereich. Die damit verbundene Personalreduzierung führt zwangsläufig zu einem Informationsdefizit zwischen Mensch und Maschine. Mit Hilfe rechnergestützter Überwachungssysteme auf der Basis von objektiven Messgrößen besteht heute die Möglichkeit, dieses Defizit auszugleichen.

Eine Lösung bietet bekanntermaßen die zustandsorientierte Instandhaltung (Abb. 1). Es sind für diesen Lösungsansatz folgende Kriterien zu beachten:

- Um zustandsorientiert Instandhaltungsaktivitäten hinreichend genau zu terminieren, wird ein Zustandswissen aus einer ausreichenden Periode der Bauteilbeanspruchung vorausgesetzt (kontinuierliche Grenzwertüberwachung).
- In komplexen Anlagen sind diese Betrachtungsweisen nicht vollständig umsetzbar. Gesetzliche Grundlagen, Regelwerke, Auflagen oder Betriebserfahrungen bestimmen oft den Instandhaltungszyklus.

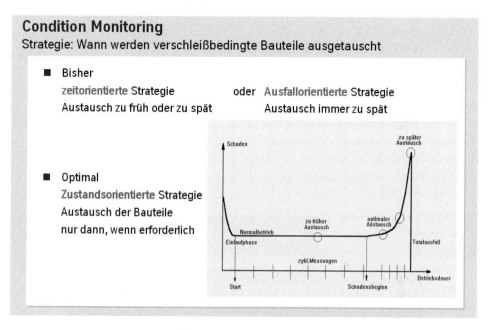

Abb. 1: Instandhaltungsstrategie

Die Erfahrungen der ThyssenKrupp Xervon bei der Einführung von Condition Monitoring für mehr als 8000 Maschinen besagen, dass bei über 70% unserer Kunden die „Ausfallorientierte Instandhaltungsstrategie" dominiert. Bei Anwendung der zustandsorientierten Instandhaltung wurden Defizite in folgenden Bereichen festgestellt:

- Unzureichende Dokumentierung der Analysen- und Instandhaltungsergebnisse
- Keine bzw. ungenügende Systematik bei der Einführung des Condition Monitoring führte z. B. zu einer falschen Auswahl der technischen Mess-Systeme und Auswertemethoden
- Fehler bei der Einrichtung der Systeme und Anpassung an die konstruktiven und betrieblichen Randbedingungen (z.B. zu groß gewählte Messzyklen)

Diese Defizite führten in vielen Fallbeispielen zu verzerrten Zustandsaussagen und Trends. Unter Umständen wurden die erhofften Effekte (Kostenreduzierung, Verfügbarkeitserhöhung) nicht erreicht. Letztendlich überschritten getätigte Aufwendungen die Nutzensgrenze. Das führte zu einer sinkenden Motivation. Die hohen Erwartungen des Managements konnten z. T. nicht erfüllt werden.

Somit werden für die Bestimmung des geeigneten Instandhaltungskonzeptes eine systematisierte Vorgehensweise und ein geeigneter Strategie-Mix als geeignete Arbeitsthese angesehen. Dieses Konzept muss für alle Seiten vertretbar gestaltet sein und den Gedanken der Nachhaltigkeit für die ökologische, ökonomische, soziale und technische Dimension realisieren. Entscheidend für den Erfolg ist nicht die Gestaltung des Konzeptes in Form eines Handbuches oder Anweisung. Entscheidend sind die notwendige Sensibilisierung der Mitarbeiter und die gleiche Interpretation der Strategie über alle Verantwortungsebenen hinweg (Abb. 2).

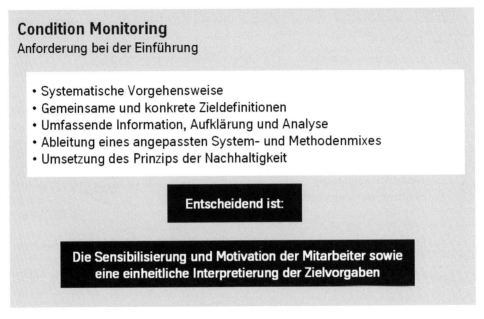

Abb. 2: Anforderungen bei der Einführung von CM

In den nachfolgenden Abschnitten wird ein Lösungsansatz vorgestellt, der den o. g. Grundsätzen dieser systematischen Vorgehensweise folgt. Dieser Konzeptansatz wird wiederum als Baustein in eine generalisierte Instandhaltungsstrategie, wie Reliability Centered Maintenance (RCM), einzuordnen sein. Damit werden die Vorteile der zustandsorientierten Instandhaltung kosteneffizient mit den der anderen Strategieansätze (Ausfallstrategie, vorbeugende Strategie) kombiniert.

3 Systematisches Vorgehen bei der Einführung von Condition Monitoring

In den nachfolgenden Abschnitten wird die systematische Vorgehensweise der Planung und Einführung von Systemen des Condition Monitoring beschrieben. Wesentliche Phasen sind:

- Zielindikation des Unternehmens und der Instandhaltung
- Bestandsanalyse Instandhaltung und technische Anlagen
- Auswahl der signifikanten Produktionsbereiche und Maschinen
- Auswahl und Bewertung geeigneter Mess-Systeme und Auswertemethoden
- Kostenermittlung
- Installation, Einrichtung und Optimierung der Mess-Systeme vor Ort
- Permanente Datenerfassung, -dokumentierung und -auswertung
- Anpassung bzw. Neugestaltung der Instandhaltungsstrategie, Maßnahmenplan

3.1 Zielindikation und Bestandsanalyse

Zu Beginn eines jeden Projektes steht die gemeinsame ausführliche Bestandsanalyse der Instandhaltung mit dem Kunden. Dabei werden im Wesentlichen die bestehenden Unternehmensziele, Instandhaltungsmethodiken, -strategien und die existierenden Zustandserfassungs-Systeme für Maschinen untersucht (Abb. 3).

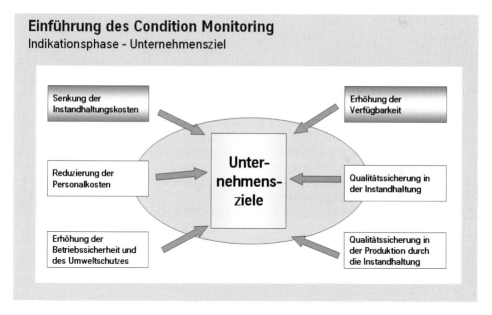

Abb. 3: Indikationsphase

Mittels Fragebogen (Abb. 4) werden gezielt Daten und Informationen ermittelt und anschließend analysiert. Die gewonnenen Informationen werden durch den Experten nachfolgend gewertet, um die möglichen Erfolgsaussichten bei der Einführung der zustandsorientierten Überwachung mit Hilfe der Schwingungsmessungen abzuschätzen.

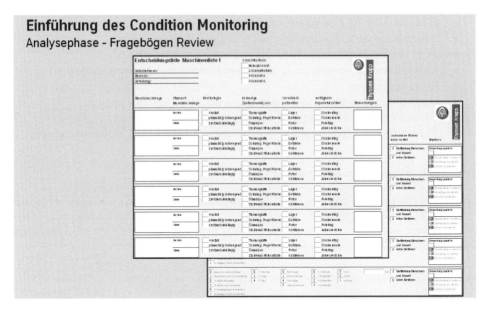

Abb. 4: Analysephase - Fragebögen

Relevante Fragestellungen sind u. a.:

- Welche Instandhaltungsstrategien sind bisher angewendet worden? (Ausfall-, vorbeugende, zustandsorientierte Instandhaltung, Mischformen)
- Welche Systeme zur Zustandsermittlung sind bisher eingesetzt worden (Thermografie, Schwingungsmessung, Ausrichtsysteme usw.)
- Wie sind die Produktionsbedingungen, Produktionszeiten (Kontinuierlicher oder diskontinuierlicher Schichtbetrieb)
- Welche Reparaturzeiten stehen zur Verfügung? (Wochenende, Jahresrevisionen, etc.)
- Welche Arten von Maschinen werden eingesetzt und instand gehalten?
- Welche Klassifizierung und Priorisierung der Maschinen innerhalb des Produktionsverbundes wählt der Kunde?
- Gibt es redundante Maschinen / Produktionsabläufe?
- Sind Maschinen redundant vorhanden bzw. schnell austauschbar?
- Welche Arten an Verschleißpotentialen und Kenntnisse zum Ausfallverhalten liegen vor?
- Welche Zugriffszeiten auf Ersatzteile und Logistikketten bestehen?
- Welche Potentiale können mit Hilfe des Condition Monitoring Services an der Maschine erwirkt werden (z. B. Reststandzeit, Erhöhung der Verfügbarkeit)?
- Besteht eine durchgängige Instandhaltungsdokumentation mit EDV Unterstützung?

Das Ziel der oben beschriebenen Befragung ist die Erarbeitung eines reellen Überblickes über die vorliegende betriebliche Situation in der Instandhaltung des betreffenden Unternehmens bzw. des zu betrachtenden Produktionsbereiches. Gleichzeitig erhält der Kunde bereits in einer frühen Phase ein hinreichend genaues Bild für den weiterführenden Entscheidungsprozess.

Die Ergebnisse der Bestandsanalyse sowie die Ergebnisse der Maschinen-Vorauswahl werden in Datenlisten je Produktionsbereich dokumentiert. Sie bilden die Grundlage der nachfolgenden Betrachtung hinsichtlich der technischen Realisierbarkeit.

3.2 Projektierung der Zustandsüberwachung

Für jede in den Datenlisten fixierte Maschine wird in der sich anschließenden Phase eine geeignete Zustandsüberwachung projektiert. In einem ersten Schritt werden für die ausgewählten Produktions- oder Werksbereiche die zugeordneten Maschinen einzeln betrachtet. Komplexe Maschinen, Maschinensysteme bzw. Fertigungslinien werden in Einzelmaschinen bzw. Aggregate weiter gegliedert.

3.3 Analyse der Einzelmaschine

Für jede Einzelmaschine werden nachfolgend untersucht:

- Ermittlung der verschleißbedingten kritischen Bauteile
- Die kritischen Bauteile, wie Lager, Zahnräder, usw. und deren spezifische Einsatzbedingungen bestimmen den erforderlichen Messzyklus. Z.B. haben langsam laufende Wälzlager unter normalen Betriebsbedingungen einen längeren Schadensverlauf als schnelllaufende Maschinenteile mit einer hohen Belastung.
- Bestimmung der Maschinenbelastung unter Betriebsbedingungen
- (Leistungsbereich, Drehzahlbereich, Medium, usw.)
- Bestimmung der Laufart der Maschine
- Die Laufart einer Maschine wird in den kontinuierlichen (z.B. Pumpen, Ventilatoren) und diskontinuierlicher Lauf (Presse, Kolbenmaschine oder Fahrstuhl) unterschieden.
- Beurteilung der Maschinenkonstruktion
- Untersuchungen der Konstruktion berücksichtigen Ort und Lage der Bauteile an der Einbaustelle und die Übertragungsfunktion der akustischen Schwingungen
- Definition der Messstellen
- Festlegung Anzahl, Ort, Zugänglichkeit und Ankopplungsart der Messstellen

3.4 Auswahl Zustandserfassungssystem – Online, Offline

Für die Entscheidung, ob ein Offline - System oder ein Online - System eingesetzt wird, sind Daten über die Laufart der Maschine zu bewerten (Abb. 5). In Betrieben mit kontinuierlicher Fließproduktion werden überwiegend Offline Datensammler eingesetzt. Diese Maschinen erfüllen die Kriterien für eine Offline - Messung, wie eine kontinuierliche Fahrweise, eine Drehzahl im mittleren Drehzahlbereich, wälzgelagerte Bauteile, langsame Schadensentwicklung, etc.

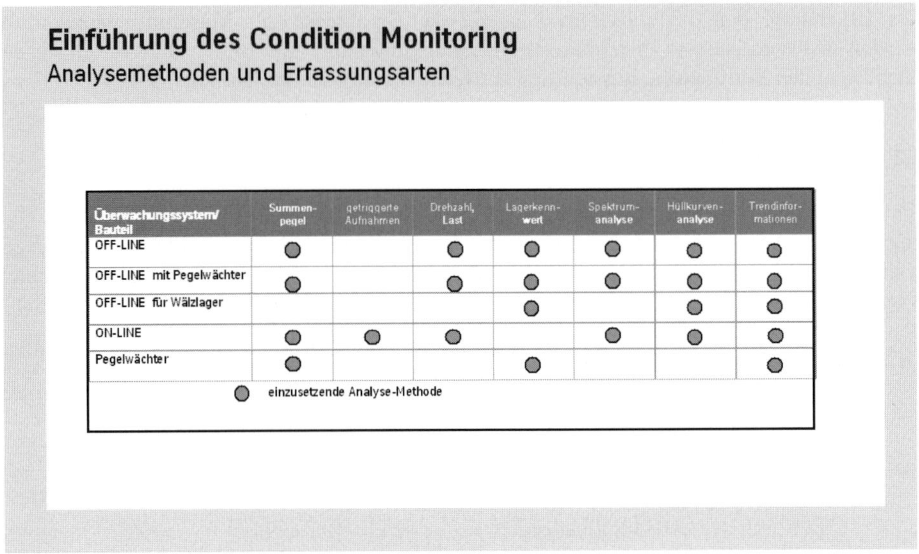

Einführung des Condition Monitoring
Analysemethoden und Erfassungsarten

Überwachungssystem/ Bauteil	Summenpegel	getriggerte Aufnahmen	Drehzahl, Last	Lagerkennwert	Spektrumanalyse	Hüllkurvenanalyse	Trendinformationen
OFF-LINE	O		O	O	O	O	O
OFF-LINE mit Pegelwächter	O		O	O	O	O	O
OFF-LINE für Wälzlager				O		O	O
ON-LINE	O	O	O		O	O	O
Pegelwächter	O			O			O

O einzusetzende Analyse-Methode

Abb. 5: Erfassungsarten

In einer Abluftanlage werden z. B. die kontinuierlich laufenden Lüfter, wie z.B. die Saugzuggebläse der Kraftwerke, mit einem Online und Offline – System kombiniert sowohl für plötzlich auftretende Schäden als auch für Verschleißschäden überwacht.

Mit diesem System werden alle, dem Verschleiß ausgesetzten Bauteile, trendmäßig in einem Zyklus von ca. 4 Wochen datenmäßig erfasst. Für plötzlich eintretende Schadensereignisse, wie z. B. abfallende Abluftanbackungen, wird parallel ein Schwingungswächter installiert. Mit dessen Hilfe kann eine Unwucht sofort an den Leitstand zur Meldung gebracht werden.

Bei großen, diskontinuierlich laufenden Maschinen, wie z. B. Walzstrassen, Haspelgetriebe wird nur der Antriebsbereich primär zyklisch mit einem Offline - System überwacht. Alle anderen Maschinenteile müssen auf Grund der diskontinuierlich ablaufenden Betriebsvorgänge mit einem speziellen Online –System, welches betriebsabhängig akustische Daten erfassen kann, überwacht werden.

3.5 Festlegung der Messstellen an einer Maschine

Für die in der Maschinenliste erfassten kritischen Bauteile wird Ort und Lage der Bauteile bestimmt. Je nach anzuwendender akustischer Methode werden die Übertragungsfunktionen, das heißt, Kenntnisse über die Dämpfungsverluste des Körperschalls auf dem Übertragungsweg zur Messstelle abgeschätzt bzw. ermittelt. Je nach akustischer Anforderung wird die Art der Ankopplung des Sensors festgelegt. Hilfreich hierbei ist die Nutzung der vorhandenen Datenbank von über bereits 8000 überwachten Aggregaten.

Bei Einsatz von Offline – Systemen muss die Zugänglichkeit der Messstellen ohne Gefahr für die messende Person gewährleistet sein. Eine unter den oben genannten Kriterien optimierte Messstellenanordnung trägt unabhängig vom gewählten System, zur effizienten und kostensparenden Zustandserfassung bei.

Oft können über eine Messstelle mehrere kritische Bauteile überwacht werden. Dies wird ermöglicht, wenn entsprechende Übertragungsfunktionen und Frequenzpläne vorliegen und über die Frequenzanalysen oder über die Position des Beschleunigungszeitverlaufes, die einzelnen Bauteile wieder selektiert werden.

3.6 Ermittlung geeigneter akustischer Methoden zur Ermittlung des Maschinenzustandes

Es besteht zwischen der Auswahl des Überwachungssystems und der Wahl der Auswertemethode für die akustische Analyse des Maschinenzustandes ein enger Zusammenhang. Folgende Analyse-Methoden werden in der Praxis primär angewendet (Abb. 6):

- Summenpegelüberwachung in vordefinierten Frequenzbereichen
- Analyse der Schwingungen nur zu bestimmten Zeiten (getriggerte Aufnahmen)
- Aufnahme der Schwingungen nur zu bestimmten Betriebsbedingungen (Drehzahl, Last)
- Lagerkennwertbildung
- Spektrumanalysen
- Hüllkurvenanalysen
- Ordnungsanalysen
- Trendinformationen von Lagerkennwerten und Summenpegel.

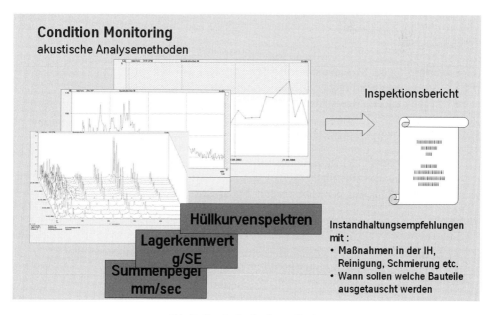

Abb. 6: Akustische Analysemethoden

Je nach gewähltem Überwachungssystem kommen einzelne oder mehrere der oben genannten Methoden zur Anwendung. Für einfache kontinuierlich laufende Maschinen, wie z.B. Ventilatoren oder mit einem Elektromotor angetriebene Pumpen, werden mit einfachen und kostengünstigen Methoden (bei gleichzeitiger Erfassung von Summenpegel, Frequenzspektrum, Lagerkennwert und Hüllkurvenspektrum) mit Hilfe des Offline – Datensammlers hinreichend überwacht. Mehr als 60% bis 70% aller z.B. in den Kraftwerken zu überwachenden Hilfs- und Nebenaggregaten dürften in dieser Form überwacht werden.

Der Einsatz eines Offline – Systems hat andererseits den Nachteil, dass durch die im mehrwöchentlichen Zyklus erfassten Daten nur wenige Stützpunkte für eine Trendanalyse bilden. Zum Ausgleich des Informationsdefizits müssen ggf. zusätzliche redundante Informationsquellen für die Schadensanalyse erschlossen werden. Deshalb ist es u. U. erforderlich, für diese Anwendungen geeignete Offline – Datenerfassungssysteme einzusetzen, welche zur Fehlerbeurteilung möglichst verschiedene akustische Methoden anbieten.

Der Einsatz von Online – Systemen mit paralleler Betriebsdatenerfassung, die zur Steuerung der Erfassung von akustischen Daten genutzt werden können, liefern bessere Ergebnisse für die Trendanalyse. Je genauer die Betriebsschwankungen erfasst und zur Aufnahmesteuerung genutzt werden, desto geringer fallen die betriebsbedingten Schwankungen in den Trendanalysen aus. Hier sind anfängliche Schädigungen von Bauteilen früher und sicherer zu detektieren.

3.7 Einrichtung und Projektierung von Offline und Online - Systemen

Nach Festlegung der Überwachungsmethoden, -systeme und -ziele (Überwachungsstrategie) erfolgt die Einrichtung der selektierten Offline bzw. Online - Systeme. Wesentliche Aktivitäten sind:

- Erfassung der Maschinen in einer Datenbank
- Aufstellung von Frequenzplänen für die spätere Schadensanalyse
- Festlegung der Messstellen, Messgrößen und Grenzwerte.

Für Offline – Systeme werden nachfolgende Projektschritte generiert:

- Kennzeichnung der Messstellen
- Festlegung der Messintervalle
- Zusammenfassung der Maschinen in Messrouten

Abweichend davon werden für Online – Systeme folgende Daten erfasst:

- Ermittlung der verschiedenen Betriebszustände und Bewegungsvorgänge
- Schnittstellen - Engineering für die Erfassung der Betriebsdaten
- Erfassung des Maschinen – IST – Zustandes
- Auswertung der bisherigen akustischen Kenndaten
- Systeminstallation, Probelauf und Inbetriebnahme
- Weiterleitung der Ergebnisse in bestehende IH – Dokumentationssysteme

3.8 Installation, Einrichtung und Optimierung des Condition Monitoring Systems

Auf Basis der mit dem Kunden gemeinsam kosten- und leistungsmäßig optimierten Systemlösung wird die Soft- und Hardwarekonfiguration im Detail geplant und an die örtlichen Gegebenheiten angepasst. Die Einrichtung der Systeme erfolgt in enger Verbindung mit einer Einweisung des Fachpersonals, welches die routinemäßigen Inspektionsgänge sowie die Körperschall-Messungen vornimmt. In der Einrichtphase werden die einzelnen Hardware- und Softwaresysteme getestet und weiter optimiert. Insbesondere werden ggf. günstigere Messpunkte für die Sensoren ermittelt, die Planung der Messungen zeitlich und inhaltlich optimiert.

3.9 Datenerfassung, Dokumentierung, Auswertung, Strategieanpassung

In der nachfolgenden Routinephase werden durch eingewiesenes Fachpersonal die geplanten Routengänge zyklisch (Offline) durchgeführt. Die Ergebnisse der Körperschallmessungen werden gemäß Planung nach technischen, kosten- und risikobasierten Kriterien ausgewertet und schriftlich in Form eines Berichtes dokumentiert. Diesem Bericht werden Empfehlungen für Instandhaltungsmaßnahmen beigefügt. Die Messergebnisse und die fixierten Empfehlungen werden anschließend gemeinsam mit der Produktion (dem Kunden) diskutiert.

Das gewonnene Zustandswissen, die abgeleiteten Empfehlungen gehen ein in das System des Zuverlässigkeitsmanagements des Unternehmens. Durch ein interdisziplinäres Koordinierungs-Team, werden die modifizierten Instandhaltungsstrategien sowie Wartungspläne aufbereitet und zusammengefasst, neue Zielindikationen festgelegt, Maßnahmenpläne für die Realisierung der Empfehlungen aktiviert.

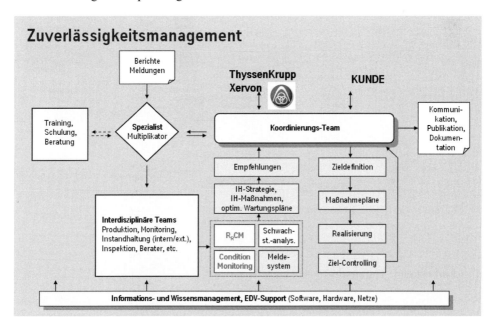

Abb. 7: Zuverlässigkeitsmanagement

Das Ziel-Controlling bewertet die Resultate der Prozessoptimierung. Das Condition Monitoring bildet somit einen integralen Baustein innerhalb des Instandhaltungs-Managementsystems (Abb. 7).

4 Fallbeispiel: Saugzuggebläse in der Industrie

In einem chemischen Unternehmen in Duisburg und in einer Müllverbrennungsanlage in Salzbergen werden die Maschinenzustände der Saugzuggebläse (> 300KW) mit dem Condition Monitoring umfassend ermittelt.

- Für plötzlich auftretende Ereignisse, wie z.b. Unwucht, Online Schwingungswächter in Form von frequenzselektiven Unwuchterkennungssystemen.
- Für die Verschleißerkennung der Bauteile, wie z.b. Lagerung der Lüfter, regelmäßige Offline Messungen in Form von schwingungstechnischen Ermittlungen mit umfangreichen Analysemethoden zur frühen Detektierung von anfänglichen Schädigungen an Bauteilen.

Die als Schwingungswächter eingesetzten Online - Systeme beherrschen nur eingeschränkte Überwachungsfunktionen und können die Diagnosetiefe, die erforderlich ist, um einen Lagerverschleiß sehr frühzeitig zu erkennen, nicht mitliefern. Insofern wird die Online Messung mit der kostengünstigen Offline Messung kombiniert (Abb. 8).

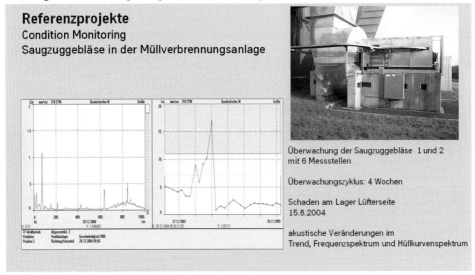

Abb. 8: Saugzuggebläse

5 Fallbeispiel: Tiefofenlüfter in einem Walzwerk

Seit 2000 wird die ThyssenKrupp Xervon GmbH in einem Aluminiumwalzwerk mit der Projektierung von Offline - und Online - Körperschall Maschinenzustandsüberwachungen an wichtigen Produktionsanlagen, wie die Walzstraßenantriebe, Haspelantriebe, Stauchergetriebe, Umlenk- und Bridlerollen beauftragt. Mit dem Überwachungssystem wird eine Früherkennung der Verschleißentwicklung der überwachten Maschinenbauteile erreicht. Für die planbare Instandhaltung liegen immer aktuelle Informationen über die Verschleißentwicklung der Maschinenbauteile vor.

Im Bereich der Tieföfen kam es bis zur Einführung des CM mehrmals pro Jahr zu Produktionsunterbrechungen, da einige der 24 installierten Tiefofenlüfter (> 300KW) zum Totalausfall kamen. Ursache hierfür waren in der Folge Wellenbrüche aufgrund nicht erkannter Lagerschädigungen.

Alle Tiefofenlüfter werden seitdem mit einem Offline Überwachungssystem erfasst. D.h. die Messungen werden mit einem transportablen Datensammler für Schwingungen umfangreich durchgeführt. Aus den regelmäßigen Messungen, mit einem Zyklus von 4 Wochen werden Trends erzeugt, die auf rechtzeitig auf Lagerverschleißprobleme hinweisen. Mit diesem Informationsvorsprung für die Instandhaltung sind bisher keine ungeplanten Ausfälle mehr eingetroffen. Relativ schnell wurde die Amortisation dieser Systeme festgestellt (Abb. 9).

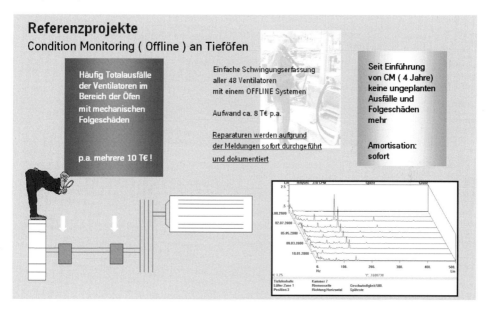

Abb. 9: Tiefofenlüfter

Die installierten Online - Systeme bieten zusätzliche Möglichkeiten beim Service. Ein Fernwartungsmodul ermöglicht Wartungsarbeiten per Datenfernübertragung im Rahmen von Serviceleistungen der ThyssenKrupp Xervon. Diese Arbeiten beinhalten: Anpassung der Überwachungslogiken, Unterstützung bei der Diagnose von Maschinen, Bewertung der aufgetretenen Alarme, Update von Programmen.

RFID in der Instandhaltung

Anwendung bei Pumpenwartungen

Erich Meyer

Folgender Artikel zeigt Möglichkeiten auf, die RFID-Technologie in den Instandhaltungsprozess zur Verbesserung der Abläufe gewinnbringend einzusetzen. Es wird eine konkrete Anwendung der RFID-Technologie zur einwandfreien Identifikation für die Wartung von ca. 700 Pumpen in der chemischen Industrie aufgezeigt. Es werden sowohl die Projektziele als auch die einzelnen Schritte der Umsetzung näher erläutert Der Einsatz aller Komponenten hat den Anforderungen des Explosionsschutzes zu entsprechen.

1 Allgemeines zu RFID

Mit der RFID-Technologie (*RFID = Radio Frequency Identification*) können mittels Radiowellen (Funk) Objekte berührungsfrei identifiziert werden und auch dynamische Daten übertragen werden.

Die Standard RFID-Technologie ist dem Barcode ähnlich, hat aber gegenüber diesem eine Reihe von Vorteilen. Beim Barcode werden die nachträglich nicht mehr veränderbaren Daten berührungslos mit optischen Lesegeräten ausgelesen. Die schmutzunempfindlichen RFID-Chips hingegen sind jederzeit beschreibbar, d.h. aktualisierbar. Auch ist die Datenübertragung mittels Funk bis zu mehreren Metern Entfernung möglich.

2 Wie funktioniert RFID?

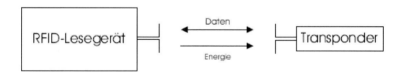

Abb.1: Lesegerät (Reader) und Sender (Transponder)

Es ist für die Datenübertragung immer ein Sender und ein Empfänger erforderlich. Der Sender wird auch Transponder (Kunstwort, bestehend aus Transmitter und Responder) genannt. Die Datenübertragung erfolgt über elektromagnetische Felder (Funk). Bei den passiven Transpondern wird aus dem Funksignal die nötige Hilfsenergie entnommen. Es sind Reichweiten bis zu 1m möglich. Die aktiven Transponder hingegen haben eine Batterie integriert und sind mit Zusatzfunktionen ausgestattet. Es sind Reichweiten bis zu 100m realisierbar. Transponder sind auf dem zu identifizierendem Teil befestigt (Fahrzeug, Schi, …).

Gängige Frequenzen sind: 125 bis 134kHz (LF), 13,56MHz (HF) und 868MHz (UHF). Transponder und Reader stehen heute für den rauen industriellen Einsatz zur Verfügung. Beispielsweise sind Transponder auch in Edelstahlausführung und in Schraubausführung erhältlich (siehe Abb. 2). Auch ist die Anbringung von Transpondern auf metallische Oberflächen in Standardausführung möglich.

Abb. 2: Beispiele für Transponder in Miniatur- bzw. in Edelstahlausführung

Die aktiven Transponder können mit einer Sensorik gekoppelt werden. Beispielsweise gibt es Transponder mit integrierten Temperatursensoren. Dabei wird die Temperatur periodisch in einstellbaren Intervallen gemessen, die Messwerte werden abgespeichert. Die Auslesung der gespeicherten Werte kann zu jedem beliebigen Zeitpunkt erfolgen. Diese Transponder werden z.B. zur Qualitätssicherung bei Transporten von temperaturempfindlichen Waren eingesetzt (Transport von Lebensmitteln, Pharmazeutika, ...). Neuerdings können aktive Transponder auch mit GPS kombiniert werden.

3 Anwendungsbeispiele von RFID

Aus der Fülle der schon realisierten Anwendungen werden einige Beispiele aufgezeigt:

- Nagel mit Transponder zur eindeutigen Identifikation von geschnittenen Baumstämmen
- Buch- und CD-Identifikation in den Bibliotheken Wien und Stuttgart
- Schierkennung
- Personenidentifikation bei Laufveranstaltungen einschließlich der Zeitnahme
- Transportwarenidentifikation in der Luftfahrt
- Identifikation von Fahrzeugen, beispielsweise von Flurförderfahrzeugen (Stapler)
- Identifikation und hochgenaue Verfolgung des Fußballs und der Spieler (U-16 Meisterschaften 2006 in Peru)
- Schrauben mit in den Transponder integrierten Temperatursensoren
- Elektrische Schalthandlungen:
  Identifikation von Schaltern, Sicherungen;
  PDA warnt in Verbindung mit elektronischem Freigabeschein vor
  falschen Schalthandlungen
- Identifikation von Brandschutztüren bzw. von Brandschutzklappen im Zuge von Wartungen

Sowohl Reader als auch Transponder können beweglich oder fest sein:

- Fester Reader und beweglicher Transponder: Z.B. Identifikation von Staplern
- Beweglicher Reader und fester Transponder: Z.B. Identifikation von Brandschutztüren

4   Vorteile der RFID-Technologie

Mit RFID-Technologie ist es erstmals möglich, die ‚real world' (Atome) in der ‚digital world' (bits) fehlerfrei abzubilden. Anstelle der manuellen Verknüpfung ‚Warenfluss' mit ‚Informationsfluss' geschieht dies mittels RFID fehlerfrei und automatisiert.

Vorteile:

- strikte, eindeutige Kennzeichnung und damit Rückverfolgbarkeit eines jeden Einzelstücks
- dynamische Speicherung von Informationen während des Transports
- automatische Datenerfassung ohne manuellen Eingriff
- Kopplung mit Sensoren möglich
- unsichtbare Transponder-Anbringung, wenn erforderlich (z.B. in Verpackung oder eingegossen)

5   Das Projekt „RFID – Pumpenwartungen"

Ein Kunde aus der chemischen Industrie beauftragte Chemserv mit der Wartung von insgesamt 700 Pumpen und der Vorgabe alle Pumpen wöchentlich zu warten. Vor dem RFID-Projekt wurden die mehr als 36.000 Vorgänge pro Jahr auf ca. 10.000 Blatt Papier dokumentiert.

Der eindeutige Nachweis, dass Chemserv tatsächlich in jeder Woche bei jeder Pumpe die Wartungen durchgeführt hatte, konnte aus Kundensicht nicht schlüssig geführt werden. Die wöchentlich erforderlichen Wartungen der Pumpen erfolgten vor dem RFID-Projekt im Wesentlichen in papierunterstützter Form. Abb. 3 zeigt den Ablauf der Wartungstätigkeiten vor dem Einsatz der RFID-Technik.

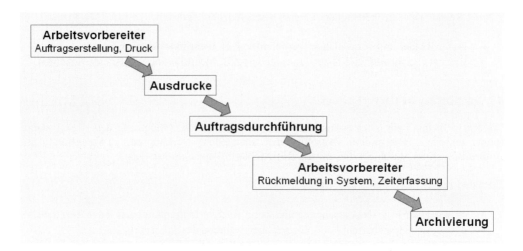

Abb. 3: Ablauf der Wartungstätigkeiten vor dem Einsatz der RFID-Technik

Die Nachteile der „alten Pumpenwartung" zusammengefasst:

- Verzögerte Datenerfassung
- Administrativer Aufwand
- Mehrfacherfassung (Medienbrüche)
- Informationslücken
- Mangelhafte Datenqualität

Daher wurde von Chemserv das Projekt „Unterstützung der Pumpen-Wartungen mittels RFID" aufgesetzt.

Ziel: „Mobile Lösung zur elektronischen Sicherstellung der Wartungsprozesse"

Teilziele:

- Wartungsarbeiten schnell und eindeutig nachweisbar machen
- Prozess automatisieren

An allen Pumpen wurden 125kHz Transponder auf dem metallischen Untergrund angeschraubt, siehe Abb. 4. Im EDV-System wurden die Transponder-Identifikationsnummer mit den kundenspezifischen Pumpen-Identnummer verlinkt.

Abb. 4: Vakuumpumpe mit einem montierten Transponder mit eindeutiger Identifikationsnummer (oben Mitte)

Wesentlicher Bestandteil im Ablauf einer Wartung ist der PDA. Dieser muss ein gut ablesbares Display mit hohem Kontrast haben. Die Bedienersoftware muss den Ansprüchen der Mitarbeiter genügen, dies ist ein für das Gelingen des Projekts nicht zu unterschätzender Punkt. Des Weiteren muss der PDA den Anforderungen des Explosionsschutzes entsprechen, da ein Großteil der zu wartenden Pumpen in explosionsgeschützten Produktionsanlagen eingesetzt sind.

Abb. 5: Ex-geschützter PDA

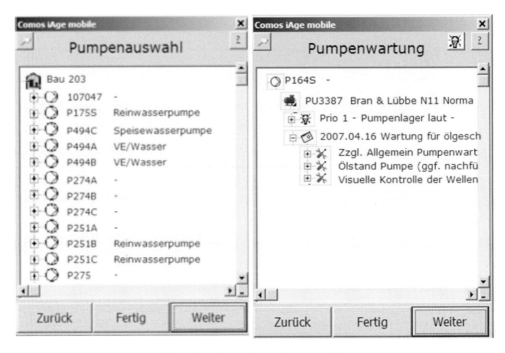

*Abb. 6: Beispiele von Darstellungen am PDA;
links: Gesamtübersicht für einen 'Rundgang'; rechts: Ergebnis einer erledigten Pumpenwartung*

Die bereits bestehende Software unter COMOS iAge wurde für die RFID-Anwendung angepasst. Grundsätzlich läuft der Vorgang wie folgt ab:

- Auswahl der ‚Rundgänge' und Transfer der Daten vom zentralen PC zum PDA (‚Rundgang' ist ein Vorgang, bei dem alle Pumpen eines Produktionsbaus, die zur Wartung anstehen, ausgewählt werden können)
- Persönliche Anmeldung des Mitarbeiters am PDA; ohne Anmeldung wird kein ‚Rundgang' freigegeben
- Bei der Wartung an Ort und Stelle ist die ‚Anmeldung' bei der jeweiligen Pumpe mittels des Transponders erforderlich
- Die angegebenen Wartungen müssen im PDA bestätigt werden
- Der Mitarbeiter hat die Möglichkeit, standardisierte Anmerkungen (Gleitringdichtung undicht, Kupplungsschutz verbogen, Pumpe laut, Pumpe nicht vorhanden, …) einzugeben
- Abmelden des Mitarbeiters bei der Pumpe am Ende der Wartung
- Am Rundgangsende wird am PDA eine Zusammenfassung angezeigt (was ist erledigt bzw. was ist offen)
- Am Ende des Rundgangs werden die Daten in eine zentrale Datenbank transferiert
- Für den Kunden wird jede Woche eine Zusammenfassung der erledigten Arbeiten inklusive allfälliger Kommentare im zentralen System erstellt und mittels einer pdf-Datei informiert.

Nach der Umstellung sieht der Ablauf wie folgt aus:

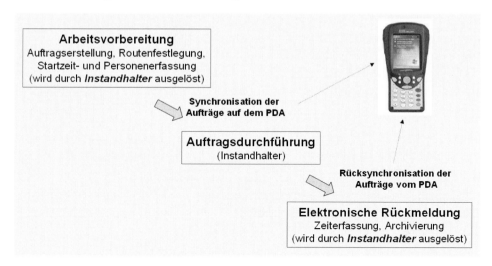

Abb. 7: Neuer Arbeitsablauf mit den sich daraus ergebenden Vorteilen

Im Vergleich zur Abb. 3 ist zu sehen, dass ein Grossteil des administrativen Aufwandes durch den Einsatz von RFID entfällt.

Die Vorteile der Umstellung auf die RFID-Technik:

- Zeitnahe Datenrückmeldung
- Hohe Datenqualität
- Eindeutige Pumpenidentifikation
- Eindeutige Auftragszuordnung
- Eindeutige Personenidentifikation
- Somit eindeutiger Nachweis für den Kunden (WER hat WAS und WANN erledigt)
- Wartungsarbeiten sind somit für den Kunden eindeutig nachweisbar (= ‚gerichtsfeste Dokumentation')
- Automatisierte Zeiterfassung
- Gesamtzeiteinsparung durch Senkung des administrativen Aufwands (Vermeidung von Medienbrüchen)
- Kosteneinsparung

6 Resümee und Ausblick

An Hand des konkret ausgeführten Beispiels zur Anwendung der RFID-Technologie und den in Kapitel 3 angegebenen Anwendungen ist zu sehen, dass die Anwendungsmöglichkeiten in der industriellen Anwendung fast unbegrenzt sind. Die RFID-Technologie bietet eine Möglichkeit, die Instandhaltung im Wesentlichen in den Teilbereichen ‚Inspektion' und ‚Wartung' effizient zu unterstützen und Prozesse nachvollziehbar zu machen.

IT in schlanken Produktionssystemen –
Eine bedarfsorientierte Systemkonzeption

Johannes Stimpfl

Während sich viele Unternehmensbereiche derzeit nach der Lean Philosophie ausrichten, steht die IT erst am Beginn einer umfassenden Kunden- und TCO (Total Cost of Ownership)- Orientierung. Die IT hat die Hauptaufgabe, wertschöpfende Prozesse im Unternehmen zu unterstützen und zu optimieren. Zahlreiche Untersuchungen belegen, dass der IT-Einsatz im Produktionsumfeld verstärkt und verbessert werden kann. Voraussetzung dafür ist eine bessere Kommunikation zwischen IT und Fachbereich und ein besseres gemeinsames Verstehen der grundlegenden Geschäftsprozesse. Als strategischer Partner ist die IT für die wirtschaftliche Umsetzung und Betreuung geeigneter Lösungen zuständig. Eine Standardlösung für alle ist aufgrund der Organisationsvielfalt im Produktionsbereich schwierig. In der ISA 95 sind Standards und Modelle produktionsnaher IT-Systeme (MES Manufacturing Execution Systems) definiert. Diese Standards bieten eine gute Ausgangsbasis, um betriebsspezifische, integrierbare und ausbaubare Applikationen zu entwerfen. Wie aus der allgemeinen Rahmendefinition eine bedarfsgerechte Lösung bzw. ein Stufenkonzept nach Prioritäten erstellt wird, ist ansatzweise im Beitrag dargestellt und der Erfolg anhand zweier Beispiele belegt. Im Zuge der Bedarfsanalyse werden Methoden und Messverfahren eingesetzt, die eine objektive Bewertung der Potenziale und ein pragmatisches Vorgehen ermöglichen.

1 Einleitung

Lean Methoden – schlank im Sinne von verschwendungsfrei – erleben heute eine Renaissance und ihren zweiten Höhepunkt in westlichen Industrieländern. Nachdem Internationalisierung und Ostöffnung als erste Reaktion eine Verlagerung von Arbeitsplätzen von West nach Ost auslösten, ohne die damit verbundenen Risiken abzuschätzen, besannen sich Unternehmen ab dem Jahr 2003 wieder auf die Stärken und Potenziale ihrer Heimatstandorte. Zahlreiche Beispiele belegen, dass Standorte in Westeuropa trotz höherer Personal- und Infrastrukturkosten die Chance haben, unter dem Strich effizienter und somit kostengünstiger zu produzieren.

Seit dieser Erkenntnis werden Unternehmensbereiche systematisch einer Diät unterzogen, um angesetzten Speck abzubauen und Prozesse wertschöpfender zu gestalten. Lean Production, Lean Maintenance, Lean Administration, Lean … . Doch wie steht es heute um die IT? Gibt es eine Lean IT, ein praktiziertes Kaizen in diesem Bereich? Lean Management ist auf den Kunden ausgerichtet, d.h. der Bedarf des Kunden ist ohne Verschwendung zu erfüllen. Ein Blick in die Praxis zeigt, dass installierte IT-Lösungen die Anforderungen des Anwenders häufig nur unzureichend erfüllen. Analysiert man die gesamten Lebenszykluskosten der IT, so ist auch hier von Lean oft wenig zu spüren. Gerade in der Produktion ist die IT das strategische Werkzeug zur Unterstützung und Entlastung der Mitarbeiter sowie zur Steuerung und Optimierung aller Abläufe. Durch sorgfältige Bedarfsanalyse und richtige Dimensionierung wird die IT einen entscheidenden Beitrag zur Steigerung der Wertschöpfung in der Produktion leisten.

Im nachfolgenden Beitrag wird ein Verfahren zur bedarfsorientierten Konzeption produktionsnaher IT-Systeme beschrieben und der Erfolg am Beispiel zweier Unternehmen dargestellt.

2 IT Strukturen im Unternehmen

In produzierenden und verarbeitenden Unternehmen hat sich eine 3-stufige hierarchische Struktur bewährt. Die oberste Ebene umfasst Funktionen und Prozesse, die das gesamte Unternehmen bzw. den Konzern betreffen. Dafür stehen ERP Systeme (früher PPS) zur Verfügung. Kennzeichnend für ERP Systeme sind umfassende Funktionskomplexe, ein hohes Datenvolumen, hohe Anforderungen an Datensicherheit, Verfügbarkeit und Bedienkomfort.

Auf Betriebsebene sind Systeme für die (Fein)Planung, Steuerung, Optimierung und Rückverfolgbarkeit der Produktion im gesamten Werk zuständig. Hier wird ein mittleres Datenvolumen gehandelt mit hohen Anforderungen an Datensicherheit, Verfügbarkeit, Bedienkomfort und Schnittstellen. Bei kritischen Optimierungen und Monitoringaufgaben werden eine hohe Systemperformance und Reaktionsgeschwindigkeit erforderlich. Die IT der Betriebsebene, früher BDE/MDE, Fertigungs- oder Produktionsleitsysteme genannt, wird heute als MES (Manufacturing Execution System) bezeichnet.

Auf der Maschinenebene sind Steuerungen (SPS) und Regler für einen zuverlässigen und sicheren Betrieb zuständig. Das Datenvolumen ist relativ gering, dafür sind die Anforderungen an Geschwindigkeit, Sicherheit und Systemverfügbarkeit hoch. Zunehmend finden heute maschinennahe Visualisierungssysteme für z.B. Messwertverläufe, Zustandsmonitoring oder Stillstandsanalysen Verwendung.

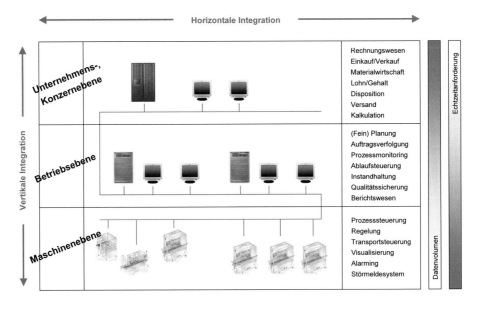

Abb. 1: IT Struktur

In Abb. 1 sind die wesentlichen und typischen Funktionsbereiche je Ebene dargestellt. Die 3-stufige Struktur hat sich aufgrund der unterschiedlichen Arbeitsweisen und Anforderungen bewährt. Für den Produktionsbereich sind die Betriebs- und Maschinenebene relevant. Nicht selten wird in Unternehmen versucht, die mittlere Ebene zu überspringen und ERP-Systeme in die Produktion zu ziehen oder sogar direkt an Maschinensteuerungen abzubinden. Das Problem dabei ist, dass ERP-Systeme üblicherweise nicht für zeitkritische, ereignisgesteuerte Verarbeitungen und Schnittstellen zu diversen Steuerungen ausgelegt sind. Weiters ist zu berücksichtigen, dass die Betriebsebene eine vom ERP-System entkoppelte Arbeitsweise bietet (wichtig für 3-schichtige Produktion) und auch Produktionsdaten verarbeitet, die für ein ERP-System nicht relevant sind (z.B. Mess-, Zustands-, Qualitätsdaten).

Im Zusammenhang mit der Vernetzung unterschiedlicher Systeme werden Schnittstellen häufig als schwierig und kostenintensiv dargestellt und die Release- und Wartungsfähigkeit heterogener Gesamtlösungen in Frage gestellt. Offen gesagt, in diesem Fall steht meistens Nichtwollen der betroffenen Mitarbeiter im Vordergrund. Jedes System bietet heute Schnittstellen und der Realisierungsaufwand hat sich durch Technologien wie z.B. TCP/IP erheblich vereinfacht.

Welche Funktionalität ist nun für eine optimale Unterstützung der Produktion wichtig? Produktionssysteme, Verfahren und Organisationsformen sind vielfältig und oft unternehmensspezifisch. Kann es hier überhaupt Gemeinsamkeiten oder Standards geben? Es gibt standardisierte Konzepte, die als Grundlage einer langfristig nutzbringenden IT-Lösung herangezogen werden können. Eine fertige Lösung, die alle produktionsrelevanten Anforderungen abdeckt, existiert im Normalfall leider nicht. Im produktionsnahen Bereich ist die Standardisierung von Funktionen und Datenstrukturen erheblich schwieriger als in anderen Anwendungsgebieten.

3   Fat IT for Lean Production?

In der Praxis ist der Verbreitungsgrad produktionsnaher IT-Lösungen, abgesehen von der Maschinenebene, relativ gering. Eine Blitzerhebung im Arbeitskreis Produktion des steirischen Autoclusters ACstyria im Jahre 2007 zeigte, dass weniger als 20% der befragten Unternehmen ein vergleichbares System verwenden und weniger als die Hälfte der Anwender mit ihrem System zufrieden sind. Während z.B. im Rechnungswesen ohne IT nichts mehr läuft, liegen die Potenziale in der Produktion großteils brach. Haben die IT-Mitarbeiter ihren Aufgabenfokus auf anderen Gebieten und kümmern sich zu wenig um die Anliegen der Produktion? Liegt es am Unvermögen der Produktionsverantwortlichen, ihre Hilfsmittel zu definieren und von der Geschäftsführung einzufordern? Wird die Produktion mit IT-Produkten, die vielleicht gut zum ERP-System passen, jedoch in der Anwendung überladen und unbrauchbar sind, zwangsbeglückt?

In den Augen vieler Unternehmenslenker und Fachbereichsleiter ist die IT heute eher Hindernis als Hilfe für die Weiterentwicklung des Geschäfts. Nach einer Studie der Butler Group werden ca. 50% der von den Unternehmen lizenzierten Funktionen nicht genutzt. Nach Berlecon Research sind 2 von 3 befragten Fachbereichsleitern mit den IT-Leistungen nur bedingt zufrieden. Die Marktforscher von IDC bemängelten, dass 45% von 200 befragten KMUs in Deutschland keinen strukturierten Beschaffungsprozess für IT haben. Es ließen sich noch zahlreiche Untersuchungen und Studien aufzählen, die einen Handlungsbedarf in der Zusammenarbeit des Fachbereichs mit der IT belegen. Die Ursachen der Probleme liegen in der mangelnden Kommunikation, im Nichtwissen um die Probleme des anderen Bereichs, in unterschiedlichen Sprachen, aber auch in menschlichen Eitelkeiten und Führungsschwächen.

Bevor ein Verbesserungsszenario vorgestellt wird, müssen die Rollen und Zuständigkeiten der Bereiche definiert werden. IT-Systeme haben die wichtige Aufgabe, Wertschöpfungsprozesse zu gestalten, zu optimieren und übernehmen somit, obwohl selbst nicht wertschöpfend, eine entscheidende Stützleistung in der gesamten Supply Chain. Die fachlichen Anforderungen zur Unterstützung und Neugestaltung der Prozesse sowie Termin- und Budgetrahmen müssen von der Produktionsseite definiert werden. Anhand der Bedarfsplanung und -definition hat die IT nun die Aufgabe, eine aus wirtschaftlicher und technischer Sicht optimale Gesamtlösung zu gestalten, zu realisieren, in Betrieb zu nehmen und zu warten.

Aus diesen Zuständigkeiten wird klar, dass die Produktion gegenüber der IT als interner Kunde auftritt und auch als Kunde behandelt werden muss. Diese Einstellung ist heute noch nicht in allen Unternehmen selbstverständlich.

Abb. 2: Ballast IT?

Während nun in der Produktion Maßnahmen zur Effizienz- und Leistungssteigerung an der Tagesordnung stehen, ist der IT-Bereich erst am Beginn einer umfassenden Serviceorientierung. Der unterschiedliche Status in der Einführung schlanker Strukturen führt zu Spannungen und Konflikten zwischen den beiden Bereichen. Die nachfolgenden Problembereiche in den IT-Produkten und Services zeigen auf, wo die Stellhebel zur Verbesserung liegen. Die in der Produktion bekannten 7 Ursachen von Verschwendung gelten analog auch für die IT.

Tab. 1: Die Ursachen von Verschwendung – Beispiele im IT-Bereich

Produktion	**IT**
Überproduktion	Überfunktionalität
Bestände	Datenfriedhöfe

Transport	Mangelnde Systemintegration, Transferdaten
Wartezeiten	Wartezeiten im Service, schlechte Systemperformance
Aufwendige Prozesse	Umständliche Bedienung und Dialogabläufe
Unnötige Bewegung	Manuelle Datenerfassung, Wegzeiten zum Gerät
Fehler, Ausschuss	Hardware- und Softwarefehler

Ein Rezept, um unnötigen IT Ballast loszuwerden und die notwendige Kundenorientierung einzuführen, beinhaltet folgende Schwerpunkte:

- Verbesserung der Kommunikation mit den Fachbereichen
- Strukturierung der Serviceportfolios und Klärung der Zuständigkeiten
- Einführung eines Demand-Managements
- Gemeinsames Verständnis über die Geschäftsprozesse und Potenziale
- Transparente interne Leistungsverrechnung
- Kennzahlen und Analysen von IT-Services
- Industrialisierung der IT: Standards, Module, KVP, Kernkompetenz

4 MES Manufacturing Execution System

Die Systeme der Betriebsebene, heute auch MES genannt, haben die Aufgabe, nicht nur die Produktion, sondern alle relevanten und interessierten Unternehmensbereiche mit aktuellen Informationen und Analysen zu unterstützen und Transparenz im Fertigungsprozess zu schaffen.

Abb. 3: Typische Fragestellungen im Produktionsumfeld

ISA, eine 1945 in den USA gegründete Nonprofit-Organisation, beschäftigt sich mit der Definition und Standardisierung von Automationssystemen. ISA-95 Manufacturing Enterprise Systems Standards and User Resources definiert die Standards für MES. Diese Standards sind eine ausgezeichnete Ausgangsbasis bei der Festlegung der benötigten Module und unterstützen spätere Erweiterungen bzw. Stufenkonzepte. Weiterführende Informationen: www.isa.org. Die nachfolgenden Darstellungen vermitteln einen ersten Überblick über den Rahmen der ISA-95.

Abb.4: Informationsaustausch ERP - Produktion

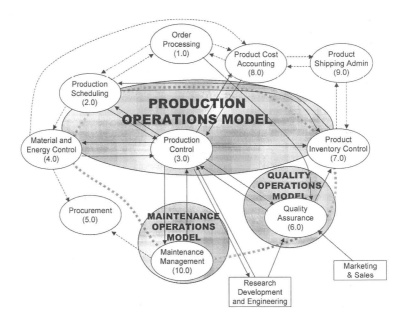

Abb. 5: MES Modelle

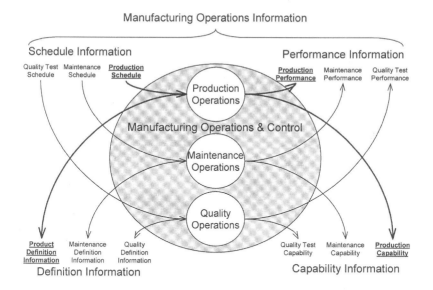

Abb. 6: MES Informationsstruktur

5 Bedarfsorientierte Systemkonzeption

ISA-95 bietet eine strukturierte Gesamtübersicht der MES Modelle, Zusammenhänge und Informationsflüsse. Der Einsatz der Gesamtfunktionalität wird in den seltensten Fällen erforderlich bzw. ist im Industriebereich, auch aus Kostengründen, kaum vorzufinden. Wie kann man nun herausfinden, welche Funktionen die wichtigsten sind und den höchsten Nutzen versprechen?

Wie bereits ausgeführt ist es Aufgabe der Produktion, ihre Anforderungen und Wünsche auf den Tisch zu legen. Jeder Produktionsmitarbeiter weiß, wo der Schuh am meisten drückt, sodass eine Mitarbeiterbefragung schon ein gutes Bild über den Bedarf liefert. In der Praxis zeigt sich immer wieder, dass eine einigermaßen konsistente und geschlossene Darstellung Schwierigkeiten bereitet. Grund dafür sind unzureichende Kenntnisse über die Prozesse und Nahtstellen zu anderen Bereichen sowie fehlende Kennzahlen zur Bewertung der Potenziale. Nachfolgend wird ein pragmatisches Verfahren vorgestellt, das anhand grundlegender Kennzahlen eine fundierte Entscheidungsbasis über das weitere Vorgehen und die Inhalte liefert.

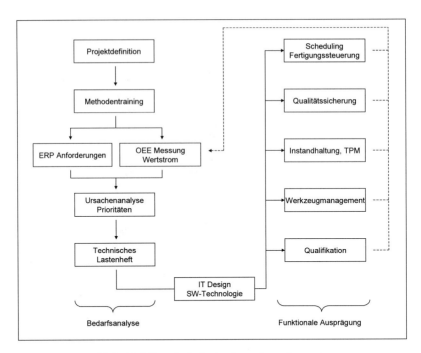

Abb. 7: Modell zur bedarfsorientierten Systemkonzeption

Die erste Phase umfasst eine grundlegende Abstimmung und Definition des Projekts mit der Geschäftsführung und den Bereichsleitern. Anhand der Zielvorgaben werden Umfang und Abgrenzung des Wirkungsbereichs festgelegt sowie der Terminrahmen, verfügbare Ressourcen und das Budget aufgestellt.

Danach werden die Mitarbeiter mit den nachfolgenden Analysemethoden vertraut gemacht. Neben den fachlichen Themen geht es hier auch darum, Verständnis und Vertrauen zu schaffen, Sinn und Zweck des Vorhabens zu vermitteln und eine einheitliche Sprache und Sicht zu fördern.

Nach der OEE Methode wird an repräsentativen Maschinen und Anlagen das Produktivitätsniveau mit den Verlustursachen ermittelt. OEE ist eine zentrale Kennzahl in der Produktion, schafft Transparenz über die tatsächliche Anlagenleistung und trägt dazu bei, Prozesse besser zu verstehen und zu optimieren.

Die OEE Methode

- bewertet die Anlagenproduktivität durch Kennzahlen
- zeigt Verluste und Ursachen auf
- ist für alle Arten von Produktionsanlagen anwendbar
- ist für diskrete und Konti-Fertigung geeignet
- identifiziert Verbesserungspotenziale
- ist vom Mitarbeiter leicht zu verstehen und anzuwenden
- versachlicht die innerbetriebliche Diskussion

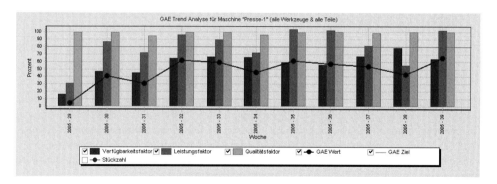

Abb. 8: OEE Trend mit Verfügbarkeits-, Leistungs- , Qualitätsgrad

In der Praxis wird OEE häufig durch manuelle Aufzeichnungen der Anlagenbediener und Eingabe der Daten in ein Auswertesystem („Excel-Methode") ermittelt. Diese Verfahren kann für eine erste Orientierung herangezogen werden, für eine fundierte und exakte Analyse ist ein Messverfahren unumgänglich. Damit werden nicht nur die Ergebnisse präziser, auch die Mitarbeiter werden von Datenaufzeichnungen und –eingaben entlastet.

Während OEE auf die Anlagenproduktivität abzielt, können die Materialbestände, Durchlauf- und Liegezeiten mit den Methoden des Wertstromdesigns bewertet werden. Anhand repräsentativer Produkte oder Produktgruppen werden die Ist-Abläufe vom Rohmaterial bis zum Versand visualisiert. Mit der OEE Methode und dem Wertstromdesign können die Verbesserungspotentiale aus Sicht der Produktion, der Instandhaltung und der Qualitätssicherung sehr gut erhoben werden.

Bei existierenden ERP Systemen sind sowohl Entlastungen für die Produktionsmitarbeiter als auch Verbesserungen in der ERP Funktionalität möglich. Die Mitarbeiter werden durch automatisierte Rückmeldungen über den Auftragsfortschritt, die Bearbeitungs- und Liegezeiten, erzeugte Gut-, Ausschuss-, Nacharbeitsmengen, Personalstunden sowie Qualitätsergebnisse entlastet. Korrekte und zeitgerechte Ergebnisdaten aus der Produktion ermöglichen im ERP System eine zeitnahe Verfolgung, eine aktualisierte Disposition und Reaktionen im Fehlerfall (z.B. Umplanen bei Nichterreichen der Qualität).

Wenn nun die Schwachstellen im Produktions- und ERP-Umfeld bekannt sind, können die Ursachen ergründet und erste Maßnahmen und IT-Anforderungen zur Verbesserung konzipiert werden. Die Analyse und Ausarbeitung erfolgt im Team unter Leitung eines Koordinators. Die Ergebnisse der Analyse werden im technischen Lastenheft dokumentiert. Das Lastenheft soll nicht nur funktionale und datentechnische Anforderungen enthalten, sondern auch Angaben über Termin- und Budgetrahmen, Verrechnungsmodalitäten, Garantien, Systemverfügbarkeit und sonstige Leistungswerte liefern und die Einführungs-, Schulungs- und Wartungsstrategien beschreiben. Eine Prioritätenliste mit der Kosten/Nutzendarstellung einzelner Funktionsbereiche erleichtert der Geschäftsführung die Entscheidung über das weitere Vorgehen.

Nach der Freigabe des Lastenhefts folgen die Phasen des Softwareentwicklungsprozesses bzw. die Phasen der Systemauswahl und Einführung. Während der Nutzungsphase empfiehlt es sich, die Kennzahlen wie OEE weiter zu führen, um die Veränderungen durch die IT-Lösung sichtbar zu machen bzw. Korrekturmaßnahmen bei Bedarf einzuleiten.

6 Erfolge in der Praxis

Anhand zweier Beispiele werden implementierte IT-Lösungen und deren Erfolge beschrieben.

6.1 Anlagenmanagement bei General Motors Powertrain Austria

Kompetenz, Innovationsbereitschaft und Flexibilität haben Wien-Aspern zum Vorzeigewerk im Konzern und zu einer der produktivsten GM Powertrain Produktionsstätten weltweit gemacht. Seit der Werksgründung vor rund 25 Jahren wurden ca. 2,1 Milliarden Euro investiert und mehr als 26 Millionen Motoren und Getriebe erzeugt.

Lean Production hat bei GM Powertrain zu beachtlichen Produktions- und Produktivitätssteigerungen beigetragen. Ständige Verbesserung nicht nur der Produkte, sondern auch der Verfahren, der Arbeitsbedingungen, der Qualität und der Kundenbeziehungen stehen im Mittelpunkt. Die Anstrengung und konsequente Umsetzung haben sich gelohnt: Gegen internen Wettbewerb konnte 2004 der Auftrag für das M20/32 Getriebe gewonnen und dadurch die Zukunft des Standorts gesichert werden.

Zur Betreuung der dzt. ca. 2000 Maschinen und Anlagen wurde in den 90er Jahren nach einem intensiven Auswahlverfahren die Instandhaltungssoftware IPC eingeführt und ist heute zentrales Planungs- und Trackingtool für TPM®.

IPC Einführung:

- 1990   Grundsatzstudie
- 1993/94   Testinstallationen und Benchmarking
- 1994/95   Pflichtenheft und Ausschreibung
- 1996   Start Umsetzung
  Stufe 1: Anlagen/Materialwirtschaft
  Stufe 2: Wartung
- 1997   Stufe 3: Schadenerfassung, Reparatur
  Stufe 4: Auswertungen/Analysen
- 2000   SPS Ressourcenverwaltung (Source Code Management)
- 2001   Wartungskomponentensystem
- 2003   Lieferantentool, Budgettool, Adaptierung Wartungsplan
- 2004>   Projekt M20/32 – Datenimport von Lieferanten

IPC wird bereichsübergreifend von der Instandhaltung, Disposition, dem Einkauf und dem Finanzbereich genutzt und hat Interfaces zu allen wichtigen EDV-Systemen im Betrieb.

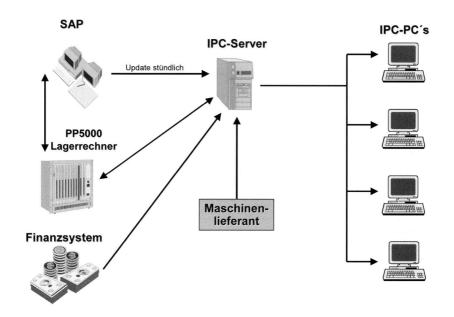

Abb. 9: Integration von IPC

Die Bedeutung von IPC im operativen Geschäft:

- Eingabe und Verwaltung aller Wartungspläne
- Steuerung der Wartungsintervalle (zeit- und produktionsabhängig)
- Erfassung aller notwendigen Wartungsmaterialien
- Vorlaufbestellung der Wartungsmaterialien
- Personalressourcenplanung
- Ermittlung von Kennzahlen, z.B.Wartungserfüllungsgrad, Top-Ten Anlagen
- Kennzahlenbericht für das Management
- Planung, Erfassung und Tracking aller Aktivitäten
- Erfassung von Kurzstillständen
- Planung von Großreparaturen

Abb. 10: IPC Funktionsmodule

Das IPC Mengengerüst:

- Installation an 200 PCs werksweit
- 600 aktive User aus allen Bereichen
- 2.000 Maschinen und Anlagen
- 70.000 Baugruppen
- 2.200.000 Ersatzteile den Baugruppen zugeordnet
- 90.000 Wartungstätigkeiten
- 100.000 definierte Wartungsmaterialien
- 150.000 erledigte Wartungsaktivitäten

Die Vorteile durch konsequente Nutzung:

- Zugriff auf alle wichtigen Anlagedaten im Werk
- Übersicht über alle geplanten und durchgeführten Wartungen
- Übersicht über anstehende und durchgeführte Reparaturen
- Übersicht über verplante und abgewickelte Personalstunden
- Wartungsanalysen
- Schadens- und Schwachstellenanalysen
- Kosten- und Personalauslastungsanalysen

Die Analysedaten durch IPC waren ein wichtiges Entscheidungskriterium für den Zuschlag des Projekts M20/32. Dieses Projekts ist ein wichtiger Beitrag zur Absicherung des Standorts Wien-Aspern.

Die Schlüsseldaten des Projekts M20/32:

- 6-Gang Schaltgetriebe/Automatikgetriebe
- Investition: 340 Mio Euro
- Kapazität 800.000 Einheiten/Jahr
- Abnehmer: Alfa Romeo, Fiat, Opel, Saab, Vauxhall
- Fertigung: 400 Maschinen und Anlagen
- Verbaute Fläche: 42.000 m²

Basierend auf den IPC-Analysen und Erfahrungen der Mitarbeiter wurde ein Best-Practice Handbuch für die Lieferanten neuer Anlagen erstellt, wo Themen wie Instandhaltungsintensität, Ersatzteilmanagement, Dokumentation, Energie/Medienverbrauch, Entsorgung, Training, usw. geregelt werden. Bei neuen Anlagen stellt der Lieferant die strukturierten Daten für den Datenimport zur Verfügung.

6.2 Produktivitätsanalyse bei STIA Holzindustrie

Seit 30 Jahren setzen Naturböden aus Admont weltweit Maßstäbe im Bereich hochwertiger und ökologisch unbedenklicher Holzfußböden. STIA Holzindustrie beschäftigt ca. 330 MitarbeiterInnen und exportiert ca. 75% seiner Produkte weltweit.

Um den Vorsprung im internationalen Markt auch in Zukunft abzusichern, wurde Ende 2004 das Verbesserungsprogramm VIT (Verbesserung im Team) gestartet. Das VIT-Programm ist keine punktuelle Methode, sondern wirkt im gesamten Unternehmen. Ziel des Programms ist die laufende Produktivitätssteigerung, um so bei gleich hoher Qualität die Kosten zu senken und die Lieferflexibilität zu steigern.

Nach einer internen Vorstellung durch die Geschäftsführung wurden die Basisarbeiten in Angriff genommen. Sauberkeit, Ordnung, Sicherheit – unter diesem Aspekt wurden Mängel an den Anlagen, Verschmutzungen, Überbestände und fehlende Ablagesysteme erhoben und im Maßnahmenplan aufgenommen. Die Abarbeitung der Mängel war keine leichte Aufgabe, doch Herr Franz di Lena, Produktionsleiter, hat es energisch mit seinem Team geschafft. Schon nach kurzer Zeit war die Veränderung sichtbar: Bodenmarkierungen für Transporte, Lagerbereiche und Sperrflächen, saubere Arbeitsumgebung, geordnete Ablagen von Teilen, Werkzeugen und Reinigungsmitteln, durchsichtige Schränke und freie Flächen durch Entrümpelung.

Abb. 11: Saubere Anlagen, Arbeitsplätze und Umgebung

Zur effizienten Umsetzung eines Verbesserungsprogramms sind begleitende Mess- und Steuergrößen wichtig. STIA hat von Anfang an die OEE Methode eingeführt, wodurch die Anlagenproduktivität permanent gemessen und Verlustursachen analysiert werden. Die Ergebnisse werden in grafischer Form den Mitarbeitern angezeigt. Mit der OEE Methode werden Handlungsprioritäten transparent und der Erfolg durchgeführter Maßnahmen visualisiert.

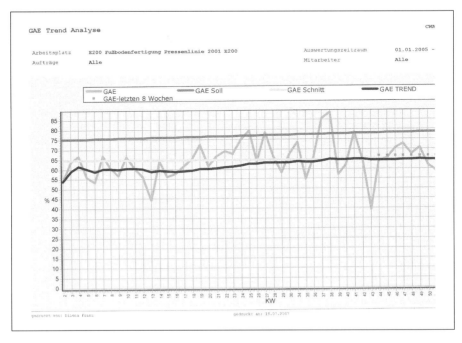

Abb. 12a: OEE Trend 2005

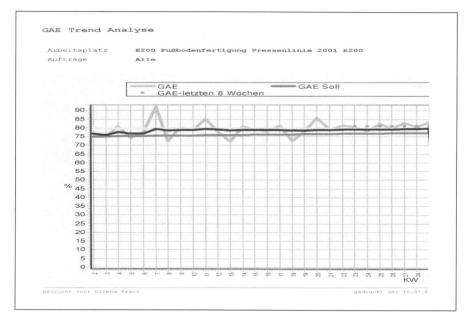

Abb. 12b: OEE Trend 2007

Die Entwicklung der OEE belegt eindrucksvoll den Erfolg des Verbesserungsprogramms sowie die Leistung und Motivation der Mitarbeiter. Die linke Grafik zeigt die Entwicklung im ersten Jahr 2005, wo schon eine Steigerung von 55% auf 65% erreicht wurde. In der rechten Grafik ist der Trend im Jahr 2007 dargestellt, bei einem Niveau von nunmehr ca. 80%. Gegenüber 2005 ist auch die Streuung der OEE Kurve durch Stabilisierung der Prozesse wesentlich geringer. Im Betrachtungszeitraum konnte die Produktivität um ca. 25 Prozentpunkte erhöht werden, was sich auf Herstellkosten, Durchlaufzeiten und die Lieferflexibilität entsprechend auswirkt. Über den Maschinenstundensatz kann die Kosteneinsparung einfach gerechnet werden. Die Steigerung der OEE kann naturgemäß nicht unbegrenzt weitergehen, sondern wird sich auf einen wirtschaftlich optimalen Wert einpendeln. Hier gilt es dann, durch laufende Maßnahmen diesen Wert zu halten.

Aufgrund der OEE Erkenntnisse wurden bei STIA folgende Maßnahmen in Angriff genommen:

- Herstellen von Sauberkeit, Sicherheit und Ordnung im Produktionsbereich
- Sensibilisieren der Mitarbeiter auf Probleme, Präventivmaßnahmen
- Störungsmanagement zur Verkürzung der Downtimes
- Rüstworkshop zur Reduktion der Rüstzeiten und Standardisierung der Abläufe
- Dispositive Verbesserungen zur Reduktion organisatorsicher Stillstände
- Anreiz durch ein Prämiensystem

Das Prämiensystem basiert auf vereinbarter Qualität, Leistung, Wartung und Sauberkeit. Der Erfüllungsgrad wird regelmäßig über ein Punktesystem erhoben.

Zur Unterstützung der Instandhaltung nutzt STIA seit 2006 die Instandhaltungssoftware IPC. Derzeit werden in IPC Reinigungs- und Wartungspläne geführt, der Erfüllungsgrad geplanter Maßnahmen analysiert, die Störungserfassung und –behebung sowie die Materialwirtschaft abgewickelt. Schon nach kurzer Zeit konnte STIA durch eine verringerte Stillstandshäufigkeit und Verkürzung der Reaktionszeiten im Fehlerfall die technische Verfügbarkeit der Anlagen erhöhen.

Zurzeit ist STIA dabei, eine KVP-Organisation zur systematischen Problemanalyse und -lösung aufzustellen. Zur Fortschritts-, Termin- und Kostenverfolgung der Projekte, sowie Ermittlung der Wirtschaftlichkeit durchgeführter Maßnahmen wird das Softwareprodukt KVP Guide verwendet.

Abb. 13: Aktuelle Informationen für die Anlagenbediener

Franz di Lena: „Durch gemeinsame Anstrengungen ist es uns gelungen, die Produktivität innerhalb kurzer Zeit erheblich zu steigern. Wir sehen noch viele Potenziale und werden den eingeschlagenen Weg konsequent weiterverfolgen."

MSC – Fast and Competent Support over Plant Life Cycle

Schnelle und kompetente Kundenunterstützung in der Betriebsphase einer Anlage

Thomas Heimke

Im neu gegründeten Metals and Mining Service & Support Center (MSC) der Siemens AG werden Kundenanfragen hinsichtlich Fragestellungen und Problemen aus der Betriebsphase einer Anlage durch einen Experten-HelpDesk bearbeitet. In diesem HelpDesk sitzen Service-Manager mit jahrelanger Automatisierungserfahrung im industriellen Umfeld, um diese Anfragen kompetent und schnell bedienen zu können. Das MSC kann über dedizierte Kommunikationskanäle wie e-Mail und FAX von allen SiemensVAI Kunden und Siemens Regional Companies kontaktiert werden. Für Vertragskunden existiert eine Telefon-Nummer, die rund um die Uhr erreichbar ist. Die hoch qualifizierten Service-Manager können bei der Bearbeitung der Anfragen auf das weltumspannende Know-how-Netzwerk von Siemens zurückgreifen. Darüber hinaus gewährleisten neuartige Mechanismen, dass das MSC-Team und die Mitarbeiter des Service-Netzwerkes schnell und effizient Wissen zu gelieferten Kunden-Lösungen erhalten und somit auch in der Lage sind pro-aktiv Migrationen und Ersatzteil-Lieferungen in die Wege zu leiten. Dadurch haben die Kunden nicht nur einen eindeutigen Kommunikationskanal zu Siemens Services, sondern auch schnellstmögliche Reaktionszeiten um ihre Anlagenverfügbarkeit mit hoher Produktqualität abzusichern.

1 Einleitung – Service-Strategie SiemensVAI

In den folgenden Unterkapiteln werden die bisherige Service-Situation skizziert und die wesentlichen Elemente der neuen Service-Strategie vorgestellt. Auf dieser Basis wird das Service-Geschäft weltweit in enger Zusammenarbeit mit den End-Kunden und den Siemens Regional Companies nach vorne getrieben. Dabei werden alle Branchen der SiemensVAI, beginnend von Mining über Iron & Steelmaking bis hin zu Rolling & Processing, betrachtet. Aktuell liegt der Schwerpunkt noch auf Electric & Automation, die Einbindung der Mechanik-Services ist in der Anlauf-Phase.

1.1 Ausgangssituation

Als Anlagenbauer ist man darauf fokussiert die Projekte gemeinsam mit den Kunden optimal bis zur Übergabe an den Kunden zu betreuen. Die optimierte Anlagenlösung wird von dem Kunden durch das „Final Acceptance Certificate" (FAC) bestätigt und in den Regelbetrieb überführt. Ab diesem Zeitpunkt ist in der Regel kein Siemens-Experte mehr auf der Anlage und der Kunde muss mit seinen Anlagenfahrern und seinen Instandhaltungsabteilungen die Anlage selbst betreuen.

Bei auftretenden Problemen während der Betriebsphase war es bisher für den Kunden nicht einfach, schnell den richtigen Ansprechpartner bei Siemens zu finden. Die lokale Siemens-Vertretung hat meist nicht die prozess-technologische Kompetenz, um dem Kunden bei Detail-Fragen helfen zu können. Exponierte Siemens-Experten wie der Projektleiter, der System-Integrator oder der Inbetriebsetzungsleiter sind längst in anderen Projekten eingebunden und somit für den Kunden schwer oder gar nicht erreichbar.

Dies führte in den letzten Jahren dazu, dass SiemensVAI auf dem Markt ein hohes Ansehen hinsichtlich Lösungskompetenz besitzt, und somit eine gute Basis für das Geschäft als Servicedienstleister geschaffen wurde, die es nun gilt auszubauen. Als Hebel hierfür wurde in die Organisation der Anlagenbau-Abteilungen eine zentrale Service-Abteilung aufgenommen, die durch die Kernelemente „Experten-HelpDesk", „dedizierte Service-Manager" und „Integration Service in den Projektabwicklungsprozess" das Service-Geschäft zusätzlich bereichert.

1.2 Kernelement Experten-HelpDesk

Als erstes galt es für die Kunden einen eindeutigen Einstiegspunkt zu schaffen, um der Unsicherheit „Wem beim großen Siemens-Konzern schicke ich meine Unterstützungsanfrage?" entgegenzuwirken. Dies war die Geburtsstunde des Metals and Mining Service & Support Centers (MSC).

Es wurden die Kommunikationskanäle

- eMail Adressen für
    - Metals-Kunden: service.metals@siemens.com und für
    - Mining-Kunden: service.mining@siemens.com
- FAX-Nummer +49 9131 8835 20303 sowie eine
- Hotline-Telefonnummer für Servicevertrags-Kunden

geschaffen.

Dabei können die eMail Adressen und die FAX Nummer von allen SiemensVAI Kunden genutzt werden, die Hotline-Telefonnummer steht nur den Servicevertrags-Kunden zur Verfügung, um diesen einen priorisierten Zugang zum MSC und eine entsprechend hoch priorisierte Bearbeitung ihrer Anfragen zu bieten.

Der zweite Schritt bestand nun darin das MSC personell so auszustatten, dass den Kunden der größtmögliche Nutzen geboten werden kann. Somit war klar, dass kein professioneller externer HelpDesk-Anbieter hierfür eingebunden werden konnte, weil diesem jegliche Lösungskompetenz und Verständnis für die Kundensituation fehlen.

Diese Aufgabenstellung der richtigen personellen MSC-Besetzung wurde dahingehend gelöst, dass man einen eigenen HelpDesk infrastrukturell hochgezogen hat und erfahrene Mitarbeiter aus den Engineering- und Inbetriebsetzungsabteilungen gewinnen konnte, die Kundenbetreuung zu übernehmen. Somit können die Kunden ihre Problemstellungen und Unterstützungsanfragen „auf Augenhöhe" mit den MSC-HelpDesk Mitarbeitern besprechen und können sich somit sicher sein, dass diese Anfragen richtig verstanden und kanalisiert werden, um schnell eine Lösung bieten zu können.

Ein konsequenter dritter Schritt bestand nun darin, die SiemensVAI Center of Competence (CoC), mit ihren jeweiligen Produkten und Lösungen, dementsprechend anzubinden, da nicht jede der vielfältigen SiemensVAI Lösungen bis ins letzte Detail von den MSC-Mitarbeitern beherrscht werden kann. Somit entstand das folgende MSC-Netzwerk zur Absicherung der schnellen Einbindung der jeweiligen Lösungsexperten an den verschiedenen Standorten der SiemensVAI CoCs. Das MSC Erlangen hat dabei die koordinierende Rolle übernommen und steuert über die oben erwähnten Kommunikationskanäle die Verteilung eingehender Anfragen an die dafür zuständigen CoCs über deren lokale MSC-Einrichtung.

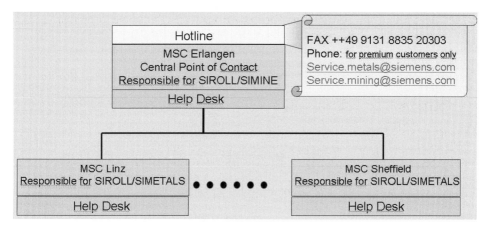

Abb. 1: MSC-Netzwerk für die SiemensVAI CoCs

1.3 Die treibende Kraft – Der Service-Manager

Um die Kundenbindung in der Betriebsphase weiter zu stärken, wurden im MSC die Service-Manager eingeführt. Diese haben, wie im vorangegangenen Kapitel geschildert, nicht nur die Aufgabe des HelpDesk-Mitarbeiters, sondern werden gezielt einzelnen Kunden zugeordnet.

Handelt es sich dabei um Servicevertrags-Kunden, so sind die Service-Manager:

- Für die Einhaltung aller vertraglichen Leistungen und deren Rahmenbedingungen zuständig.
- Haben auf die Qualität der zu erbringenden Serviceleistungen zu achten.
- Sind direkter Ansprechpartner für den Vertragskunden im Eskalationsfall.
- Besprechen mit ihren Kunden kontinuierlich neue Service-Lösungen, um deren Anlagen-Performance weiter zu optimieren.

Gemeinsam mit den Vertriebseinheiten betreuen sie auch Kunden, die noch keinen Servicevertrag haben, jedoch ohne Auflagen von Reaktionszeiten oder anderweitigen Zusicherungen.

Damit diese vertragliche oder nicht-vertragliche Betreuung auf Basis eines fundierten Wissens über die jeweilige Anlagenlösung erfolgen kann, werden die Service-Manager von Anfang an in die Abwicklung der Projekte der ihnen zugewiesenen Kunden integriert.

1.4 Kundenbindung von Anfang an

Der seit vielen Jahren eingesetzte Projektabwicklungsprozess wurde durch Service-Aktivitäten ergänzt, um frühzeitig die Service-Fähigkeit der Projekte zu steigern. Dies fängt mit der Ernennung des Service-Managers an, der dann in der Folge gemeinsam mit dem Projektleiter, dem System-Integrator und dem Systemtestleiter unterschiedliche Maßnahmen ergreift und verfolgt, um einen sauberen Übergang der Projekt-Ergebnisse in den Service zu gewährleisten.

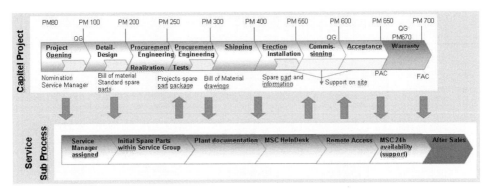

Abb. 2: Projektabwicklungsprozess mit Service-Aktivitäten

Wesentliche Eckpunkte sind:

- Die Vorbereitung einer langjährigen Ersatzteil-Strategie auf Basis der Mitgestaltung der Erstversorgung des Kunden mit Ersatzteilen.
- Die Sicherstellung, dass wesentliche Eckdaten eines Projektes, wie Dokumentation und Software, in der geeigneten Form erstellt und am Ende des Projektes dem Service übergeben werden.
- Die Sicherstellung der Integration der standardisierten Fernunterstützungslösung, um einerseits die Inbetriebsetzung zu begleiten als auch in der Gewährleistung oder in der Betriebsphase effizient unterstützen zu können.

Darüber hinaus wird der Service-Manager im Rahmen der Ersatzteil-Durchsprachen und im Rahmen der Systemtests bereits Kundenkontakt haben, um eine entsprechende Vertrauensbasis aufzubauen.

2 Schaffung einer exzellenten Wissensbasis

Service-Geschäft ist geprägt von den Qualitätsparametern „Schnelligkeit" und „Kompetenz". Damit die MSC-Mitarbeiter diesen Vorgaben bzw. der Erwartungshaltung der Kunden gerecht werden können, wurde ein web-basiertes Service-Portal entwickelt, in dem wesentliche Informationen zu den einzelnen Projekten vorgehalten werden.

Der Zugriff auf alle dort verfügbaren Daten erfolgt durch einen Standard-Web-Browser, unabhängig davon wo die Originaldaten abgespeichert sind und unabhängig davon in welchem Datei-Format die Dokumente erstellt wurden.

Somit braucht der MSC-Mitarbeiter keine Zeit aufwenden, um herauszufinden, wo sich welches Projekt-Dokument befindet und mit welchem Werkzeug es ursprünglich erstellt wurde (um gegebenenfalls festzustellen, dass dieses Werkzeug am Arbeitsplatzrechner nicht verfügbar ist).

2.1 Projekt-Start = Service-Start

Mit dem Projektstart wird auch der Service-Manager benannt und die ersten servicebezogenen Aktivitäten in die Wege geleitet. Der erste Schritt ist dabei, dass ein anlaufendes Projekt im Service-Portal angelegt wird, damit in der Folge dann die im Abwicklungsprozess entstehenden Daten kontinuierlich eingehängt werden können. So bekommt man nicht nur für ein spezielles Projekt eine gute Übersicht, sondern erkennt sofort, welche anderen Projekte bei diesem Kunden gelaufen sind.

Abb. 3: Auszug aus der Projektübersicht zu dem Kunden China Shougang

In den folgenden Unterkapiteln werden die wesentlichen servicerelevanten Daten eines Projektes erläutert. Diese sind im Service-Portal in der Rubrik des Projektes (Anlagenteils) für den MSC-Mitarbeiter abrufbar.

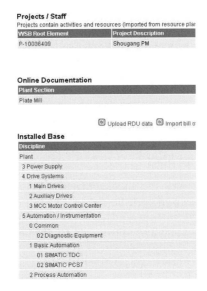

Abb. 4: Daten zum Projekt China Shougang Plate Mill

2.2 „installed base" fest im Griff

Die Basis eines jeden Service-Geschäftes ist die genaue Kenntnis über die „installed base" (gelieferte Komponenten und Software-Versionen) bei einem Kunden. Das Wissen hierüber ist nicht nur für die Beantwortung von Kundenfragen (Problemstellungen) wichtig, sonder auch essentiell für pro-aktive Migrations- und Modernisierungsansätze. Eine Auswertung von Referenz-Listen ist hierfür völlig unzureichend und ein Zugriff auf spezielle SAP-basierte Bestellsysteme für den ungeübten Anwender kostspielig und zeitaufwändig.
Deshalb wurde der Weg eingeschlagen, dass aus diesen Bestellsystemen bei Erreichen eines Projekt-Meilensteines automatisch der zu diesem Zeitpunkt bekannte Bestellbestand in das Service-Portal exportiert wird. Das Bestellwesen agiert auf standardisierten Bestellstrukturen, die sich dann ebenso im Service-Portal wieder finden. Sicher ist die Datenqualität nicht von jeder Bestellposition so gut, dass man später im Service damit etwas anfangen kann, aber eine Abdeckung brauchbarer Informationen von 80% bezogen auf den gesamten Bestellbestand stellt sich auf jeden Fall ein.

=20PF101.D01	+20B7E12H32	10 5.0	Contactor relay, 2NO+2NC, AC230V, 50Hz, screw connection, S00	1AP00	4300m Heavy Plate Mill PM Finishing Mill Top Motor MAIN TRANSFORMER
=20PF101.D01	+20B7E12H32	15 5.0	Varistor, AC127-240V, DC150-250V; S00	1BD00	4300m Heavy Plate Mill PM Finishing Mill Top Motor MAIN TRANSFORMER
=20PF101.E01	+20B7E12H32	20 6.0	ACCESSORIES: PROTECTION AGAINST ACCIDENTAL TOUCHING OF CONTACTS, IDENTIFICATION R8	-	4300m Heavy Plate Mill PM Finishing Mill Top Motor INCOMING FEEDER AUXILIARIES
=20PF101.E01	+20B7E12H32	25 1.0	CIRCUIT-BREAKER, SIZE S0, FOR MOTOR PROTECTION, CLASS 10, A REL.0.55...0.80A, N REL.10 A, SCREW CONNECTION, STANDARD BREAKING CAPACITY W. TRANSV. AUX. SWITCH 1NO/1NC	0HA15	4300m Heavy Plate Mill PM Finishing Mill Top Motor INCOMING FEEDER AUXILIARIES

Abb. 5: Auszug aus Bestellliste für Antriebssysteme im Service-Portal

2.2.1 Synchronisierung von Bestellung und Lieferung

Damit die Qualität der Datenbasis, die während des Engineerings aufgebaut wurde, nicht im Laufe der Inbetriebsetzung verloren geht, werden aktuell Mechanismen eingezogen, um einen automatisierten Abgleich von bestelltem Material und auf die Anlage tatsächlich geliefertes Material zu erhalten.

Bei dieser Gelegenheit bekommt man auch ein vollständigeres Bild welche Materialien während der Inbetriebsetzung zusätzlich auf die Anlage geschickt wurden, sei es als Ersatzteile für defekte Komponenten oder als Zusatzlieferung zur Performance-Verbesserung.

2.2.2 Aktualisierung durch Software-Agenten

Zur weiteren Steigerung der Detail-Informationen zu den Bestell-Listen werden im Rahmen der Rechner-Installationen auf jeden Anlagen-Computer kleine Software-Agenten eingespielt, die sämtliche Konfigurationsinformationen der Rechner ermitteln und automatisch ins Service-Portal übertragen.

Der Informationsgewinn dadurch ist enorm, weil man nicht nur exakter weiß, wie ein spezieller Rechner konfiguriert ist, sondern weil man sich auf diese Daten aufgrund ihrer automatischen Ermittlung zu 100% verlassen kann. Dieser Nutzen wird anhand der Gegenüberstellung der folgenden beiden Screen-Shots offenkundig. Zunächst die Daten aus der Bestellung eines Rechners gemäß SAP.

Installations

Name/Fct	Location	Pos	Quantity	Product
=	+	1	1.0	SB Win2000 Server SP4 (Service Pack4) + 5 Clients Operating System
=	+	5	3.0	SB MS Win 2000 Clients e 1-P. (5CL) MS:KC78-00686
=	+	11	1.0	Monitor P17-2 - 43 cm, 17" LCD TFT, analog/digital,
=	+	20	1.0	IE S7-1613 Version 2005
=	+	21	1.0	Extension Cable for Monitor Lenght 15m
=	+	22	2.0	Extension Cable Mouse, Keyboard Lenght 15m
=	+	23	1.0	ARP DATACON CE-120 KVM Extender (PS2)
=	+	25	1.0	CP 1613
=	+	30	42.0	PS/2-Cable

Abb. 6: Bestellposition eines Rechners aus SAP heraus

…… und dann der zusätzliche Informationsgewinn auf Basis eines Software-Agenten.

SIMATIC @PCS7	6.0 SP1 HF1
SIMATIC AS-OS-Engineering	6.0 SP1
SIMATIC AuthorsW	V2.5 + SP2
SIMATIC CFC	V6.0 SP2 HF3
SIMATIC Controls Interface	1.1
SIMATIC D7-SYS	V6.1 + Hotfix 3
SIMATIC Device Drivers	6.0.0100
SIMATIC DOCPRO	5.1 SP 1
SIMATIC NET PC Software	6.2.0.1 / 6.2 HF1 B3136
SIMATIC PCS 7 Library	6.0 SP1
SIMATIC PCS 7 PID-Tuner	5.1 SP 2
SIMATIC PCS 7 System Documentation	6.0 SP3
SIMATIC PCS 7, ENG. TOOLSET V5.2 (PO 3000)	6.0 SP3
SIMATIC PCS 7, SOFTWARE, SFC-SFC VISUALIZATIO V5.2	6.0 SP1
SIMATIC PCS7 FACEPLATES	6.0 SP1
SIMATIC PDM	5.2 SP1
SIMATIC PV InsInfo-Server	6.0 SP1
SIMATIC S7-SCL	5.1 SP5 HF1
SIMATIC SFC	6.0 SP1
SIMATIC STEP 7	5.3.5 / V5.3 + HF5

Abb. 7: Ausschnitt aus dem Datenhaushalt eines Software-Agenten hinsichtlich Rechner-Konfiguration

2.3 Veredelung durch web-basierte Anlagendokumentation

Eine Anlagen-Dokumentation ist vielschichtig und äußerst umfangreich. Damit man unabhängig von den jeweiligen Dokumentationswerkzeugen wie Microsoft-Office, CAD-Werkzeugen, Software-Engineering-Umgebungen, diese Informationen leicht einsehen kann, werden alle diese Dokumente mittels des Siemens Produktes SIROLL/SIMETALS/SIMINE[CIS] eWD (electronic WebDocumentation) in entsprechende standardisierte Web-Formate wie HTML/XML und SVG gebracht.

Das Ergebnis wird als Link auf einen zentralen WebDoc-Server im Service-Portal bei dem dazugehörigen Projekt eingehängt. Neben den mannigfaltigen automatisch erzeugten Hyperlinks zwischen verschiedenen Dokumenten, hat es sich als äußerst hilfreich erwiesen, dass über eine integrierte Volltext-Suche nach beliebigen Stichworten gesucht werden kann – auch in graphischen Stromlaufplänen, Software-Plänen und in Dokumenten von Zulieferfirmen, die meist im AdobeAcrobat-Format beigestellt werden.

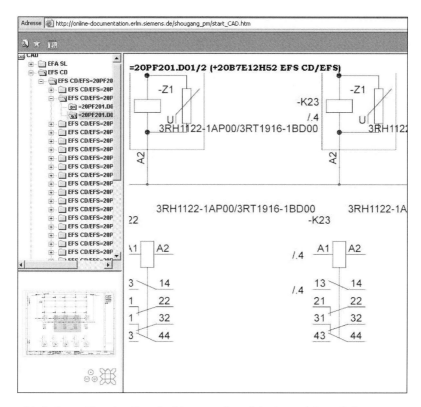

Abb. 8: Screen-Shot eines Stromlaufplanes aus der web-basierten Anlagen-Dokumentation

2.4 Die Schlüssel-Personen des Projektes im Fokus

Bei kritischen Detail-Fragen ist es entscheidend schnell herauszufinden, wer an der dazugehörigen Automatisierungsfunktion im Rahmen der Projektabwicklung gearbeitet hat. Innerhalb der Projektabwicklung werden auf Basis einer ausgefeilten Projektplanungslösung (MS-Project-Server) jede Menge Detail-Informationen vorgehalten. Für den späteren Service sind natürlich nicht alle Informationen wichtig. Auf jeden Fall muss man aber wissen, welche Person in welcher Projekt-Phase an welchem Arbeitspaket gearbeitet hat und wer die exponierten Personen im Projekt gewesen sind – also Projektleiter, System-Integrator und Inbetriebsetzungsleiter.

Und genau diese Informationen werden automatisch für jedes im Service-Portal hinterlegte Projekt exportiert und somit schnell verfügbar gemacht.

Abb. 9: Screen-Shot aus der Übersicht beteiligter Projektmitarbeiter

3 Konsequente Anfrage-Verfolgung fördert Kundenvertrauen

Wenn man auf einer gesicherten Wissensbasis zu Projektlösungen aufsetzt, kann man in einem nächsten Schritt die Leistungserbringung für den Kunden sicherstellen. Neben einer „Rund-um-die-Uhr"-Erreichbarkeit muss man in der Lage sein, alle Anfragen qualitätsgesichert abzuwickeln und dabei auf das weltumspannende Netzwerk von Siemens-Standorten zugreifen zu können.

3.1 Die 24h-Erreichbarkeit

Industrie-Anlagen sind 24h am Tag im Betrieb und deshalb erwartet der Kunde von seinem Service-Dienstleister, dass er ebenfalls 24h am Tag ansprechbar ist. Für Servicevertrags-Kunden wird dies auch gewährleistet. Die Mitarbeiter im MSC sind von 07:30 bis 18:00 im Büro und kümmern sich um eingehende Anfragen. In diesem Zeitraum haben sie für Detail-Klärungen auch Zugriff auf die eigenen Entwicklungsabteilungen. Für die „Nicht-Büro-Zeiten" wurden deshalb aus den eigenen Entwicklungs- und Inbetriebsetzungsabteilungen so genannte Rufbereitschaften eingerichtet, die dann mit entsprechendem Branchen-Wissen den Kunden zurückrufen und weitere Störanalysen mit dem Kunden durchführen.

3.2 Tracking&Tracing

Neben dem Service-Portal wird das Rückgrat der IT-Landschaft des MSC von einem Tracking&Tracing-Werkzeug gebildet. Alle eingehenden Anfragen werden dort hinterlegt und bekommen eine eindeutige Ticket-Nummer, mit der eine Anfrage bis zur endgültigen Lösungsfindung verfolgt wird. Mit dieser Ticket-Nummer wird die Kommunikation zwischen Kunden und MSC sowie zwischen MSC und weiteren Experten eindeutig identifizierbar und nachvollziehbar gemacht. Alle Informationen zu einem Ticket, die während einer Lösungsfindung anfallen, werden dem Ticket direkt zugeordnet. Dadurch erreicht man gleich mehrere Dinge, wie:

- Vollständige Übersicht aller Aktivitäten, die zur Lösungsfindung beigetragen haben.
- Übernahme eines Tickets durch einen anderen MSC-Mitarbeiter, da alle bisher gelaufenen Aktionen einsehbar sind.
- Auswertung der Lösung, um diese gezielt einer Service-Wissensdatenbank zuzuführen.

Des Weiteren kann man den Service-Vertrieb dahingehend unterstützen, indem man alle bisher gelaufenen Service- und Support-Aktivtäten für eine Kundenanlage tabellarisch auflistet. Mit dieser Liste kann man in Kundengespräche einsteigen, um die Sinnfälligkeit von mittel- oder langfristigen Serviceverträgen und den daraus für den Kunden resultierenden Verbesserungen zu vermitteln. Letztendlich werden auf Basis dieser Daten auch interne Qualitätsparameter für das MSC ermittelt. Aussagen über Ticket-Durchlaufzeiten, Häufigkeit der Anfragen zu bestimmten Produkten oder Lösungen, Prozentsatz der Lösungsfindungen werden dem Management zur Steuerung des Geschäftes zur Verfügung gestellt.

3.3 Einbindung des weltweiten Service-Netzwerkes

Lösungen zu komplexen Anfragen, und um diese handelt es sich meist, können kaum unter alleiniger Einbeziehung der MSC-Mitarbeiter gefunden werden. Neben dem Zugriff auf eigene Abwicklungsabteilungen spielt das bereits geschilderte MSC-Netzwerk eine wichtige Rolle. Entscheidend dabei ist aber, dass die lokalen Siemens-Einheiten, die sich in 142 Ländern der Welt befinden eingebunden sind. Die lokalen Siemens-Kollegen kennen die Basis-Technologien in exzellenter Art und Weise, um Kundenanlagen weitgehend betreuen zu können. Darüber hinaus bieten sie weitere Vorteile, die immer zu nutzen sind, wie:

- Sprechen die Landessprache des Kunden und sind vor Ort.
- Kennen das Kunden-Management und die Kunden-Instandhalter.
- Kennen die landeseigene Gesetzgebung.
- Können kleinere Service-Themen selbständig bearbeiten.
- Besitzen teilweise eine eigene, effiziente Ersatzteil-Logistik.

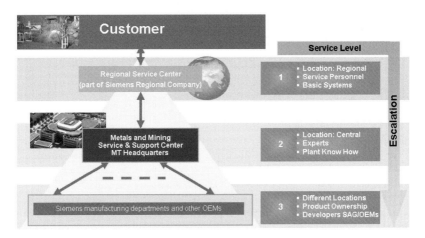

Abb. 10: Architektur des Siemens-Service-Netzwerkes

Das Bindeglied zwischen diesen weltweit verteilten Siemens-Einheiten stellt das Tracking&Tracing-Werkzeug dar. Alle Beteiligten können sehen, wer welche Service-Aktivitäten bei welchem Kunden durchführt und was dazu bereits in die Wege geleitet wurde. Diese Transparenz und Offenheit hilft nicht nur der effizienten Lösungsfindung, sondern verhindert weitgehend auch Mehrfacharbeiten an ein und demselben Thema, falls der Kunde eine Anfrage an mehrere Siemens-Einheiten geschickt hat.

4 Fernunterstützung – alt und doch neu

Das Thema Tele-Service an sich ist schon sehr alt. Es war aber in der Vergangenheit etlichen Limitierungen unterworfen, so dass es auf einige wenige technische Einsatzgebiete und auf wenige Kunden beschränkt war, die diesem Fernzugriff auf ihre Anlage positiv gegenüberstanden. In den Zeiten der Stabilisierung des Internets durch zugesicherte Übertragungsbandbreiten und verlässlichen Sicherheitsvorkehrungen haben sich neue Möglichkeiten aufgetan, die dem Tele-Service-Ansatz dienlich sind.

Für eine Service-Abteilung ist Tele-Service ein unverzichtbares Portfolio-Element, um weltweit schnell Experten zur Lösung von Anlagenproblemen zuzuschalten. Die Top-Experten, die teilweise bei Service-Anfragen zu Rate gezogen werden müssen, sind kaum verfügbar – einerseits weil ihre Anzahl sehr gering ist und andererseits weil sie für andere Projekte weltweit im Einsatz sind. Über ein Tele-Service-Konzept kann diesem Umstand Rechnung getragen werden.

Die grundlegende Architektur einer „Remote Access"-Landschaft kann der folgenden Schema-Zeichnung entnommen werden. Der Bereich links von „Internet" umfasst das Hoheitsgebiet des Kunden, der Bereich rechts von „Internet" das Hoheitsgebiet des MSC.

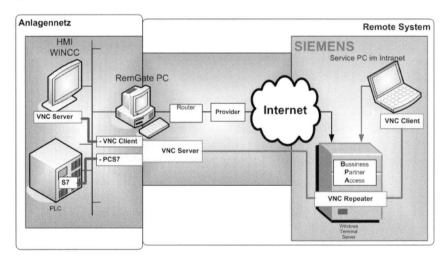

Abb. 11: Basis-Architektur der remoten Anlagenanbindung

Im Folgenden werden die Grundelemente dieser Architektur aus verschiedenen Blickwinkeln betrachtet.

4.1 Der Geschäftspartnerraum

Auf MSC-Seite wird ein so genannter Geschäftspartnerraum eingerichtet. In diesem Web-Portal werden kundenspezifische Bereiche festgelegt, in denen mit dem Kunden abgestimmte Verfahren abgewickelt oder Daten ausgetauscht werden können. Jeder Vertragskunde hat dabei nur Zugriff auf seinen eigenen Daten-Bereich. In dem jeweiligen Bereich können dann beispielsweise bestimmte Engineering-Programme liegen, um spezielle Analysen durchführen zu können oder um aktuelle Engineering-Unterlagen einsehen und weiterbearbeiten zu können. Darüber hinaus wird auch der klassische Datei-Transfer angeboten, um Log-Dateien von der Kundenanlage zu holen oder um passende Software-Updates, Einsatzberichte oder Ersatzteil-Versorgungsanalysen seitens des MSC bereitzustellen.

4.1.1 Die Sicht des Kunden

Entscheidend bei diesem Konzept ist, dass eine remote Unterstützungssitzung nur von Kundenseite initiiert werden kann. Der Kunde kann dadurch sicher sein, dass das MSC (oder andere Siemens-Mitarbeiter) über diese Verbindung nicht ohne sein Wissen seine Anlage „besuchen" können.

Der Kunde hat immer die volle Kontrolle über eine Tele-Service-Sitzung, nicht nur weil nur er sie initiieren kann, sondern auch weil alle Aktivitäten mitprotokolliert werden.
Umgekehrt besteht die Gefahr, dass Kundenmitarbeiter über diesen Mechanismus unkontrolliert im Internet surfen können, nicht. Der Router als Zugang von der Kundenanlage ins Internet ist so parametriert, dass ausschließlich das Web-Portal des MSC erreicht werden kann.

Des Weiteren stellt der Gateway-PC sicher, dass das MSC nur diejenigen Rechner und Systeme erreichen kann, die der Kunde dort zum Routing freigegeben hat. Der Invest des Kunden für den Router und den Gateway-PC ist sehr gering im Vergleich zu dem Nutzen, dass ein Top-Experte sich zur Lösungsfindung eines seiner Probleme einschalten kann, der ansonsten nicht zur Verfügung gestanden hätte (weil er in einem anderen Projekt eingesetzt ist und somit nicht auf die Anlage reisen kann). Für die monatlichen „Remote Access"-Kosten existieren im MSC mehrere Modelle – je nachdem mit welchem Tele-Service-Aufkommen im Rahmen seines Vertrages der Kunde rechnet.

4.1.2 SiemensVAI-Experten und Dritte

Der Charme aus Sicht der SiemensVAI-Kollegen besteht darin, dass die Backend-Mechanismen des Geschäftspartnerraumes es ihnen ermöglichen, von ihrem Arbeitsplatzsystem (mit allen notwendigen Entwicklungs- und Analyse-Werkzeugen) mit der Kundenanlage zu koppeln – unter Einhaltung aller Security Policies. Früher musste man sich in spezielle Räumlichkeiten begeben, die über Extranet-Architekturen von den eigentlichen Büro-Netzen entkoppelt waren. Oft waren dann auf den Extranet-Rechnern nicht die richtigen Analyse-Werkzeuge installiert, so dass eine zielführende remote Unterstützung nicht immer durchgeführt werden konnte.

Aber auch Experten, die sich nicht im Büro befinden, können von außen (Hotel, andere Kundenanlage oder auch von zu Hause aus) abgesichert auf den Geschäftspartnerraum des

MSC zugreifen und sich somit auf die Kundenanlage aufschalten. Über genau dieselben Mechanismen ist es nun möglich Sub-Lieferanten von Siemens zur Lösungsfindung einzuschalten. Als Geschäftspartner erhalten sie dezidierte Rechte, um in bestehende Tele-Service-Sitzungen eingebunden werden zu können.

4.2 „Hören ist Silber – Sehen ist Gold"

Auch wenn über Telefon mit Unterstützung von Tele-Service schon eine recht gute Analyse der Störsituation ermöglicht wird, so gibt es doch einige Fälle, speziell im Mechanik-Umfeld, wo es unabdinglich ist, sich ein genaues visuelles Bild von der Lage zu machen. Herkömmlich löst man so etwas mit einer Digital-Kamera und der eMail-Versendung von Photos. Sind die Photos aber zu genau oder sind die falschen Stellen photographiert worden, so beginnt eine zeitraubende Sitzung zwischen Kunde und MSC, bis die richtigen Bilder vorliegen.

Vor diesem Hintergrund wurde ein spezielles System entwickelt, welches sich auf Kundenseite durch eine hochauflösende, industrietaugliche Helm-Kamera äußert und sich im Backend über eine Spezial-Software mit dem MSC verbindet (über den Geschäftspartnerraum). Damit ist es möglich in hoher Qualität Audio- und Video-Information von der Anlage zu erhalten. Direkte Anweisungen an den Instandhalter oder Service-Techniker vor Ort, was die Kamera im Fokus haben soll, ermöglichen es sehr schnell die benötigten Einsichten in die Störsituation zu bekommen.

Durch die Möglichkeit die verschiedenen Datenkanäle (Audio, Video, Datei-Transfer) einzeln zu priorisieren, können die zu einem bestimmten Zeitpunkt relevanten Informationen in guter Qualität übertragen werden (bspw. ruckelfreie Video-Übertragung).

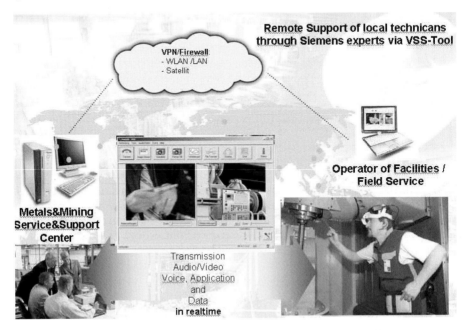

Abb. 12: Prinzipdarstellung des Visual Service Support-Prinzips VSS

5 Zufriedene Kunden sind bleibende Kunden

In den vorangegangenen Kapiteln wurde geschildert, welche organisatorischen, geschäftsprozessstrategischen und IT-technischen Maßnahmen ergriffen wurden, um den Kunden in der Betriebsphase seiner Anlage optimal als Service-Dienstleister betreuen zu können. In diesem Abschlusskapitel werden nun noch einmal zwei Kern-Aspekte aufgegriffen, die die Notwendigkeit einer kontinuierlichen Begleitung der Kundenanlage über ihren kompletten Life-Cycle hinweg unterstreichen sollen.

5.1 Verfolgung „installed base"

Wie eingangs erwähnt, ist die Kenntnis über die „installed base" einer zu betreuenden Industrie-Anlage ein wesentliches Fundament für das Service-Geschäft. Mit den geschilderten Maßnahmen gelingt es in weitem Umfang festzuhalten, welche „installed base" von SiemensVAI ausgeliefert wurde. Dies gilt bis zum Abnahme-Zeitpunkt durch den Kunden. Danach ist man als Service-Dienstleister mit der Aufgabenstellung konfrontiert, dass sich diese bekannte „installed base" verändert.

Es werden Hardware-Baugruppen getauscht, zusätzlich integriert oder neue Software-Versionen eingespielt. Teilweise werden auch Applikationen zur Steuerung der Anlage angepasst. Da diese Aktionen teilweise vom Kunden selber oder durch lokale, externe Service-Provider durchgeführt werden, bekommt man ohne eigenes Zutun keine Kenntnis davon. Änderungen, die von lokalen Siemens-Einheiten durchgeführt werden, können über das zentrale Tracking&Tracing weitgehend identifiziert werden. In den folgenden zwei Kapiteln wird nun ein Lösungsansatz hierfür sowie der Nutzen für den Kunden skizziert.

5.1.1 Neue Technologien auf Basis Software-Agenten

Auf sämtlichen Rechnersystemen, die zum SiemensVAI Lieferumfang gehören, werden standardmäßig mit Beginn des Engineerings Software-Agenten installiert. Während der Engineering-Phase bis zum Ende des Systemtests liefern diese Agenten automatisch alle Konfigurationsinformationen an das Service-Portal. Diese Agenten verbleiben auf den Rechnersystemen, auch wenn die Anlage abgenommen ist und die Betriebsphase eingeläutet ist. Es erfolgt zwar keine automatische Aktualisierung der „installed base" an das Service-Portal mehr, da die remote Anlagenanbindung nur durch den Kunden initiiert werden kann, der Agent kann aber seine ermittelten Informationen auch in eine Datei schreiben.

Bei Kunden ohne Servicevertrag, die ein Problem schildern, zu dessen Analyse man die exakten aktuellen Konfigurationsdaten zu Rate ziehen muss, kann das MSC-Team einen Ansprechpartner beim Kunden instruieren, den Agenten zu aktivieren und die vom Agenten erzeugte Datei per eMail an das MSC zu schicken. Bei Vertragskunden besteht diese Möglichkeit natürlich auch, bei Einrichtung eines mit dem Kunden abgestimmten Home-Call-Mechanismus sogar automatisiert. Zusätzlich wird dadurch aber eine pro-aktive Ersatzteil-Strategie ermöglicht, die je nach vertraglicher Festlegung dazu führt, dass mehrmals im Jahr ein Abgleich zwischen aktueller „installed base" und Versorgungssituation der Komponenten durchgeführt werden kann.

5.1.2 Zeitgenaue Migration

Industrie-Anlagen besitzen eine heterogene Automatisierungslandschaft mit einer kaum überschaubaren Anzahl an Einzelsystemen. Insofern bekommen Kunden meist erst bei Ausfall einer Baugruppe mit, dass diese entweder nur sehr schwer oder manchmal auch gar nicht mehr zu beschaffen ist. Dies kann zu ernsthaften Problemen hinsichtlich der Verfügbarkeit einer Anlage oder auch zu Verschlechterungen in der Produktqualität führen.

Damit solche Situationen weitgehend vermieden werden, wird für Servicevertragskunden angeboten, dass man in sinnvollen Zeitabständen präventiv die Wiederbeschaffungszeit von produktionskritischen Komponenten begutachtet. Hierfür wird im Rahmen des Servicevertrags zunächst eine gemeinsame Analyse mit dem Kunden hinsichtlich der zu überwachenden Komponenten durchgeführt. Auf dieser Basis werden dann die Lebenszyklen dieser Baugruppen, Komponenten oder auch von Kern-Software-Produkten regelmäßigen Beurteilungen unterworfen. Der Lebenszyklus einer Baugruppe hinsichtlich Wiederbeschaffungszeit ist in der folgenden Abbildung dargestellt.

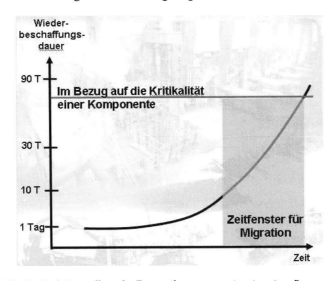

Abb. 13: Grob-Darstellung der Ersatzteilversorgungssituation einer Baugruppe

Da man nun mit Hilfe der Software-Agenten exakt weiß, wie die tatsächliche „installed base" eines Kunden aussieht, kann man im MSC unter Einbindung der Produktdatenbanken der Komponenten-Lieferanten herausfinden, wo man sich im Life-Cycle einer Baugruppe befindet. Je nach dem, wie nah eine Baugruppe an ihr Abkündigungsdatum herangekommen ist, kann man frühzeitig mit dem Kunden diese Situation besprechen und gemeinsam festlegen, ob man eine Rest-Eindeckung vornehmen sollte oder man besser gleich eine kleinere Migration auf Folge-Baugruppen in die Wege leitet.

5.2 Kontinuität durch den Service-Manager

Abschließend muss klar herausgestellt werden, dass ein jegliches Dienstleitungsgeschäft von Menschen „lebt". Organisatorische Strukturen, Geschäftsprozesse und Software-Werkzeuge können dieses Geschäft maßgeblich unterstützen, aber nicht „am Leben erhalten". Dies geht nur über eine gute, vertrauensbasierte und somit kontinuierliche Beziehung zwischen Kunde und Service-Provider.

Und somit schließt sich der Kreis dieser Abhandlung mit der Aussage, dass durch den Service-Manager, der die Anlagenlösung seiner Kunden vom Projekt-Start an kennt und verfolgt und der im Rahmen der Projektabwicklung mit dem Kunden bereits eine Geschäftsbeziehung aufbaut, die entscheidende Rolle geschaffen wurde, um die Automatisierungslösung einer Kundenanlage über deren gesamten Life-Cycle im Blickfeld zu haben. Erst mit ihm werden alle anderen Maßnahmen, wie Service-Netzwerke, HelpDesk-Organisation, Migrations-Werkzeuge oder innovative Fernunterstützungsszenarien zu einer fortwährenden Dienstleistungseinheit verschmolzen. Dadurch entsteht für beide Seiten eine fruchtbare und nachhaltige Partnerschaft zur Bewältigung der mannigfaltigen Aktivitäten im Rahmen der Anlagen-Instandhaltung, Anlagenaktualisierung und -optimierung.

Ein Controllingsystem zur Unterstützung der Prozessorientierung am Beispiel der Produktionsfeinplanung

Optimierung und Steuerung der Produktionsfeinplanung

Eva Schiefer

In diesem Beitrag wird ausgehend von der Rolle der Kennzahlen im Unternehmenscontrolling auf die Bedeutung eines Controllingsystems für die Produktionsfeinplanung eingegangen. Da die Effizienz der Produktionsfeinplanung sowohl die Leistung eines Produktionssystems als auch die Kosten der Produktion beeinflusst, ist es für ein Unternehmen wesentlich diese abbilden und steuern zu können. Dies wird meist mittels Kennzahlen betreffend die Lagerbestände und die Durchlaufzeiten der Aufträge erreicht. Da die Betrachtung dieser zwei Parameter jedoch weitere für die Produktionsfeinplanung wesentliche Unternehmensziele vernachlässigt wird in diesem Beitrag ein erweitertes Controllingsystem zur Abbildung und Steuerung der Produktionsfeinplanung vorgestellt.

1 Einleitung

Das Controlling dient dazu, die Führungsfähigkeit einer Organisation durch Planung und Kontrolle sowie durch Informationsbeschaffung und -verarbeitung zu verbessern.[1] Im Bezug auf die Produktionsplanung und -steuerung bedeutet dies, den Entscheidungsgremien transparente und verständlich interpretierbare Informationen zur Verfügung zu stellen, wobei sich diese speziell auf die Evaluierung und Regulierung des Produktionssystems in seiner Grundeinstellung beziehen.[2] Dabei muss beachtet werden, dass nicht nur Abweichungen systematisch zu erfassen, zu dokumentieren und zu analysieren sind, sondern auch Informationen für zukünftig zu treffende Entscheidungen bereitzustellen sind.[3]

Für das Controlling ergeben sich aus diesem zentralen Merkmal der Entscheidungsorientierung die Unteraufgaben Informationsaufbereitung und Maßnahmenableitung. Im Bereich der Informationsaufbereitung kommt dabei speziell Kennzahlen oder Key Performance Indicators eine besondere Bedeutung zu, da sie Prozesse mit einer deutlich reduzierten Komplexität abbilden, indem sie sich auf die relevanten Informationen konzentrieren. Anhand der erarbeiteten Kennzahlen können dann durch Soll-Ist-Vergleiche und verschiedene Analysen aktuelle sowie aufkommende Probleme identifiziert werden, um diese durch geeignete Maßnahmen zu beheben oder ihnen vorzubeugen. Besonders bei bekannten Zusammenhängen ist es möglich spezielle Reaktionsmaßnahmen festzulegen und gegebenenfalls sogar zu automatisieren. Sind jedoch keine Zusammenhänge bekannt, müssen mögliche Maßnahmen abgewogen, erarbeitet und vorgeschlagen werden.[4] Voraussetzung für die Akzeptanz eines Controllingsystems ist dabei einerseits, dass die Bedeutung und Beein-

---
[1] Vgl. Horváth (1996), S. 74
[2] Vgl. Schuh (2006), S. 69
[3] Vgl. Reichmann (1993), S. 88
[4] Vgl. Schuh (2006), S. 70f

flussbarkeit der Kennzahlen für alle Beteiligten ersichtlich ist und andererseits, dass die Kennzahlen auf fundierten und aktuellen Daten basieren.[5]

2 Kennzahlen und Kennzahlensysteme

Aufgabe von Kennzahlen ist es relevante Zusammenhänge in verdichteter, quantitativ messbarer Form wiederzugeben, wobei diese als Steuerungsinstrument, sowie als Informationsinstrument verwendet werden können.[6] Nach statistischen Gesichtspunkten unterscheidet man zwischen absoluten und relativen Kennzahlen. Absolute Kennzahlen geben an, aus wie vielen Elementen eine näher bezeichnete Menge besteht. Sie treten daher entweder als Einzelzahlen (z.B. die Anzahl der Angestellten eines Unternehmens), als Summen (z.B. Bilanzsumme), als Differenzen (z.B. Betriebsergebnis als Differenz zwischen Umsatzerlösen und Umsatzkosten) oder als Mittelwerte (z.B. durchschnittliche Monatsendbestand eines Lagers) auf. Zu beachten ist dabei, dass absolute Kennzahlen ohne einen Vergleichs- oder Zielwert keine Aussagekraft besitzen. Bei relativen Kennzahlen oder Verhältniszahlen besteht dieser Nachteil nicht, da Sachverhalte in Form eines Quotienten verknüpft werden. Dies bedeutet nichts anderes, als dass zwei absolute Kennzahlen zueinander in Beziehung gesetzt werden. Es wird dabei zwischen Gliederungszahlen (Anteil einer Größe an einer Gesamtmenge), Beziehungszahlen (zwei verschiedene Grundgesamtheiten werden aufeinander bezogen) und Indexzahlen (Messzahlen zur Aufbereitung der zeitlichen Veränderung von Daten) unterschieden.[7] Im Allgemeinen gilt sowohl für absolute, als auch für relative Kennzahlen, dass sie für sich alleine gesehen nur eine begrenzte Aussagefähigkeit besitzen und man daher zur Beurteilung von betrieblich relevanten Sachverhalten zusätzliche Kennzahlen hinzuzieht. Um jedoch sicher zu stellen, dass Kennzahlen nicht in unbegrenztem Umfang gebildet und „nur" aufgelistet werden, ist die Aufstellung eines Kennzahlensystems empfehlenswert, welches einerseits quantifizierbare Oberziele enthält und andererseits die Wechselwirkungen und Beziehungen zwischen den einzelnen Kennzahlen berücksichtigt.[8]

In der Praxis werden Kennzahlensysteme in Rechensysteme und Ordnungssysteme unterteilt. Charakteristisch für Rechensysteme ist, dass die Kennzahlen durch mathematische Beziehungen miteinander verknüpft sind. Sie verfügen über eine hierarchische Struktur und beruhen auf der rechnerischen Zerlegung einer Spitzenkennzahl, welche innerhalb des Systems die Hauptaussage vermitteln soll. Diese Spitzenkennzahl wird jedoch selbst nicht zur Erklärung anderer Kennzahlen herangezogen.[9] Bei Ordnungssystemen hingegen sind die Kennzahlen sachologisch miteinander verknüpft, wodurch sich die Grenzen der Rechensysteme überwinden lassen. Dies bedeutet, dass die Beziehungen zwischen den Kennzahlen meistens induktiv oder empirisch abgeleitet werden. Ordnungssysteme sind oft nicht hierarchisch aufgebaut, können aber über Schlüsselkennzahlen verfügen, die wiederum von bestimmten Treibern beeinflusst werden. Der Nachteil dieser Systeme besteht darin, dass die quantitativen Zusammenhänge zwischen den Kennzahlen nicht explizit aufgezeigt werden und daher im ungünstigsten Fall unklar bleiben.[10]

---

[5] Vgl. Löschneuer, Pichler, Schiefer (2006) S. 99
[6] Vgl. Horváth (1996), S. 544f
[7] Vgl. Gladen (2001), S. 15f
[8] Vgl. Schuh (2006), S. 472
[9] Vgl. Gladen (2001), S. 95f
[10] Vgl. Sandt (2004), S. 14f

Eines der bekanntesten Rechensysteme der betrieblichen Praxis ist das DuPont-Kennzahlensystem, welches in Abb. 1 dargestellt ist. Es wurde 1919 vom Chemiekonzern DuPont entwickelt und seitdem mehrfach verbessert. Im Mittelpunkt dieses Kennzahlensystems steht die Gesamtkapitalrentabilität (Return of Investment oder ROI), welche sich in den Kapitalumschlag und die Umsatzrentabilität spalten lässt. Oberstes Ziel des Unternehmens ist daher nicht die Maximierung des Gewinns, sondern die Maximierung des Ergebnisses pro eingesetzte Kapitaleinheit. Die weitere Aufspaltung der Umsatzrentabilität zeigt die verschiedenen Kosteneinflussfaktoren auf, während die Auflösung des Kapitalumschlags Auskunft über das Umlauf- und Anlagevermögen gibt.[11]

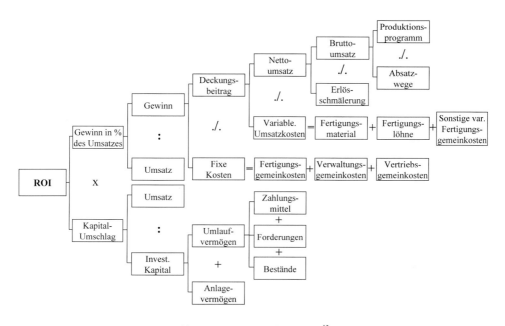

Abb.1: DuPont-Kennzahlensystem[12]

3 ROI und Produktionsfeinplanung

Die Aufgabe der Produktionsplanung besteht in der Kombination der Elementarfaktoren menschliche Arbeitsleistung, Betriebsmittel und Werkstoffe zur Leistungserstellung, wobei Vorgaben und Restriktionen bezüglich des Produktionsprogramms, der Bereitstellung von Elementarfaktoren und des Produktionsprozesses berücksichtigt werden müssen. Unter Werkstoffe versteht man dabei materielle Güter, die im Produktionsprozess (siehe Abb. 2) verbraucht werden und daher unmittelbar dem Produkt zugerechnet werden können, während zu den Betriebsmitteln jene Güter zählen, die im Produktionsprozess genutzt werden, aber nicht direkt in das Produkt eingehen.

---

[11] Vgl. Horváth (1996), S. 548
[12] In Anlehnung an Horváth (1996), S. 549

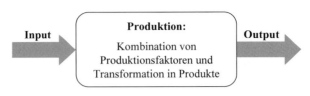

Abb.2: Der Produktionsprozess[13]

Gutenberg[14] unterteilt die Produktionsplanung in folgende drei Teilbereiche: die Produktionsprogrammplanung, die Bereitstellungsplanung und die Produktionsprozessplanung. Diese Teilbereiche lassen sich je nach zeitlicher Reichweite in die strategische, taktische und operative Produktionsplanung unterteilen. Zur strategischen Produktionsplanung zählen langfristige Entscheidungen im Rahmen der Produktionsprogramm- und Bereitstellungsplanung. Dies beinhaltet in erster Linie die Festlegung der grundsätzlich zu fertigenden Produktarten unter Beachtung der Unternehmensziele und die Festlegung eines groben Mengengerüsts. Darüber hinaus stehen die Sicherstellung der Verfügbarkeit von menschlicher Arbeitskraft, Betriebsmitteln und Werkstoffen, sowie die Entscheidungen über betriebliche Standorte, Investitionen in maschinelle Anlagen und das innerbetriebliche Layout, im Mittelpunkt.[15]

Im Rahmen der taktischen Produktionsplanung wird einerseits aufgrund von Vorgaben der strategischen Produktionsplanung ein detailliertes mengenmäßiges Produktionsprogramm festgelegt, andererseits werden mittelfristige Kapazitätsanpassungsmaßnahmen vorgenommen.

Die operative Produktionsplanung beinhaltet sowohl die kurzfristige Programmplanung (z.B. die Wochenplanung) als auch die Produktionsprozessplanung oder Produktionsfeinplanung, wobei diese sich mit der zeitlichen und mengenmäßigen Planung des Produktionsvollzugs auf Wochen-, Tage- oder Stundenbasis beschäftigt. Die Vorgehensweise bei der Produktionsfeinplanung kann dabei in folgende drei Phasen unterteilt werden:[16]

- *Losgrößenbestimmung:* In dieser Phase wird die Einteilung der Fertigungsaufträge zu optimalen Losgrößen vorgenommen. Als eine Losgröße bezeichnet man dabei eine Menge von Aufträgen, die von einer Produktiveinheit unmittelbar hintereinander ohne Rüstvorgänge gefertigt werden kann.

- *Festlegung der Bearbeitungszeitpunkte:* Anhand der vereinbarten Liefertermine müssen für jeden Fertigungsauftrag früheste und späteste Bearbeitungszeitpunkte festgelegt werden.

- *Reihenfolgeplanung:* Stehen sowohl die Losgrößen, als auch die Bearbeitungszeitpunkte fest, geht man über zu der zeitlichen Zuteilung der einzelnen Aufträge bzw. Losgrößen zu den Aggregaten. Diese Aufgabe dieser Reihenfolgeplanung stellt den Hauptteil der Produktionsfeinplanung dar und ist allgemein auch unter dem Begriff Maschinenbelegungsplanung oder Maschinenscheduling bekannt.

---

[13] In Anlehnung an Kistner, Steven (2001), S. 2
[14] Vgl. Gutenberg (1983), S. 149
[15] Vgl. Domschke, Scholl, Voß (1993), S. 8ff
[16] Vgl. Domschke, Scholl, Voß (1993), S. 15

3.1 Einfluss der Produktionsfeinplanung auf den ROI

Zwischen der Produktionsfeinplanung und der Erfolgskennzahl ROI besteht insofern ein enger Zusammenhang, da die Güte der Produktionsfeinplanung auf die Höhe des investierten Kapitals und auf die Höhe der Kosten eines Unternehmens, welche beide wiederum Hauptbestandteil der Spitzenkennzahl ROI sind (siehe Abb.1), wesentlichen Einfluss ausübt. Dies ist darauf zurückzuführen, dass durch eine effiziente Produktionsfeinplanung einerseits die Leistung des Produktionssystems optimiert und andererseits die Kosten der Produktion reduziert werden können. Eine Maximierung der Leistung des Produktionssystems ist das Ergebnis von optimierten Durchlaufzeiten, welche mit Hilfe der Maschinenbelegungsplanung, die sowohl auf die Rüst- als auch auf die Wartezeiten Einfluss nimmt (siehe Abb. 3), erreicht werden können. Verkürzte Rüst- und Wartezeiten wiederum bedeuten eine Reduzierung der Bestände, welche als wesentliche Bilanzposition dem Umlaufvermögen zuzuordnen sind und daher das investierte Kapitel vermindern. Dies bedeutet, dass bei gleichem Unternehmensergebnis die Reduzierung der Kapitalbindung eine Steigerung der Erfolgskennzahl ROI bewirkt. Eine Kostenreduktion in der Produktion entsteht einerseits ebenfalls durch die Reduzierung der Lagerbestände und der damit verbundenen Senkung der Kapitalbindungskosten, andererseits, durch eine gezielte Losgrößenbestimmung, mit welcher die Rüstkosten und damit auch die Leerkosten der Aggregate wesentlich verringert werden können. Daraus folgt, dass eine Senkung der Produktionskosten zur Erhöhung des Gewinns (bei Gleichbleiben der Parameter Umsatz und investiertes Kapital) und damit zu einer Steigerung des ROI führt.

Durchlaufzeit					
Planmäßige Durchlaufzeit					Zusatzzeit
Belegungszeit		Übergangszeit			Zusatzzeit
Bearbeitungszeit	Rüstzeit	Wartezeit	Liegezeit (techn.)	Transportzeit	Zusatzzeit
	Durch Maschinenbelegungsplanung beeinflussbar				

Abb.4: Einfluss der Produktionsfeinplanung auf die Durchlaufzeit

Im folgenden Unterkapitel wird kurz auf die Optimierung der Produktionsfeinplanung eingegangen, da diese einen wesentlichen Einfluss auf die Güte der Produktionsfeinplanung und damit auf den Unternehmenserfolg hat.

3.2 Optimierung der Produktionsfeinplanung

Wie schon erwähnt ist die Maschinenbelegungsplanung ein wesentlicher Bestandteil der Produktionsfeinplanung. Die zentrale Fragestellung besteht darin, wann welche Aufträge bzw. Losgrößen auf welchen Aggregaten bearbeitet werden sollen, so dass eine bestimmte

Zielfunktion minimiert wird.[17] Hierbei muss auf diverse Restriktionen wie zum Beispiel Bereitstellungstermine, Bearbeitungsreihenfolge der Aufträge, Verfügbarkeiten und Kapazitäten der Aggregate, etc. Rücksicht genommen werden. Diese Restriktionen fließen je nach Grad ihrer Wichtigkeit entweder als harte oder als weiche Nebenbedingungen in den Lösungsansatz mit ein.

Als Zielfunktionen kommen in der Regel verschiedene Zeitgrößen und Auftragszahlen in Frage, deren Gesamtbetrag, Durchschnittswert, gewichteter Durchschnitt oder Maximalwert zu minimieren ist.[18] Im Folgenden werden nun die gängigsten Zielfunktionen, die im Zusammenhang mit der Maschinenbelegungsplanung auftauchen, präsentiert. Natürlich können diese, in Abhängigkeit von der Problemstellung, kombiniert und/oder erweitert werden.

- *Fertigstellungstermin C_j:* beschreibt den realisierten Fertigstellungstermin von Auftrag j.
- *Wartezeit W_{ji}:* steht für die Wartezeit des Auftrags j vor der Maschine i.
- *Durchlaufzeit D_j:* die Durchlaufzeit eines Auftrags j beschreibt jene Zeitspanne zwischen Bereit- und Fertigstellungstermin von j.
- *Zykluszeit Z:* beschreibt die Belegungszeit zwischen Beginn des ersten Auftrages und Fertigstellung des letzten Auftrages.
- *Leerzeit L:* stellt die Differenz zwischen der gesamten Belegungszeit und der gesamten Bearbeitungszeit dar.

Zur Problembewältigung der Maschinenbelegungsplanung haben sich zwei verschiedene Vorgehensweisen herauskristallisiert: Exakte mathematische Verfahren und heuristische Verfahren. Exakte mathematische Verfahren liefern unter Berücksichtigung der gegebenen Restriktionen eine globale, optimale Lösung (zu lokalem und globalem Optimum siehe Abb. 4). Diese Verfahren haben jedoch den Nachteil, dass man bei realen Problemstellungen schnell mit dem Problem konfrontiert wird, dass nicht alle relevanten Restriktionen als Nebenbedingungen formuliert werden können. Gelingt dies dennoch, so weisen diese Verfahren meist schon bei mittleren Probleminstanzen eine sehr lange Rechenzeit auf, was insofern ein Problem darstellt, da die Zeit zur Lösungsfindung in der Praxis meist sehr begrenzt ist. Heuristische Verfahren hingegen sind dadurch gekennzeichnet, dass das Vorhaben ein globales Optimum zu finden explizit aufgegeben wird, um in tolerablen Rechenzeiten und unter Berücksichtigung alle wesentlichen Restriktionen eine gute Lösung zu finden. Sie können in folgende zwei Kategorien unterteilt werden:

- *Eröffnungsverfahren:* dienen der Ermittlung einer zulässigen (Anfangs-) Lösung einer Problemstellung.
- *Verbesserungsverfahren:* gehen von einer zulässigen Anfangslösung aus und versuchen durch sukzessive kleine Veränderungen diese zu verbessern.

Eröffnungsverfahren basieren häufig auf der Anwendung von Greedy-Verfahren („Gierige"-Verfahren), welche eine Lösung erzeugen, indem sie sich sukzessiv als nächsten Schritt immer den vornehmen, der die Lösung zu diesem Zeitpunkt am stärksten verbes-

---

[17] Neumann, Morlock (2002), S. 474
[18] Vgl. Domschke, Scholl, Voß (1993), S. 291

sert, ohne jemals einen Rückschritt oder eine Verzweigung vorzunehmen.[19] Man spricht hier also von einem Verfahren mit dem eine zulässige Lösung gefunden werden kann, jedoch liegt diese in den meisten Fälle sehr deutlich hinter der optimalen Lösung. Zu den Greedy-Verfahren zählen insbesondere die statischen Prioritätsregelverfahren, bei denen die Reihenfolge, in der die Lösungselemente in eine Lösung aufgenommen werden, durch Prioritäts- oder Rangwerte festgelegt wird.[20]

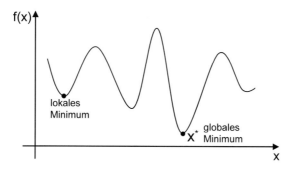

Abb.4: Globales und lokales Optimum

Verbesserungsverfahren hingegen suchen ausgehend von einer Anfangslösung den Lösungsraum, welcher von allen zulässigen Lösungen gebildet wird, systematisch ab. Verfahren, die enden sobald durch die festgelegten Transformationsschritte keine bessere Lösung gefunden werden kann, werden als reine Verbesserungsverfahren bezeichnet. Diese Verfahren haben den Nachteil, dass sie häufig in einem lokalen Optimum enden. Um dieses Problem zu umgehen wurden Meta-Heuristiken entwickelt, welche Züge erlauben, die zwischenzeitlich eine Verschlechterung des Zielfunktionswertes darstellen. Dabei ist zu beachten, dass in diesem Zusammenhang immer jene Transformation durchgeführt wird, die den Zielfunktionswert am wenigsten verschlechtert.[21] Zu den bekanntesten Meta-Heuristiken zählen Tabu Search, Genetische Algorithmen und Simulated Annealing.

4 Controllingsystem für die Produktionsfeinplanung

Wie in Kapitel 3.1 beschrieben, besteht das Ziel der Produktionsfeinplanung in der Maximierung der Leistung sowie in der Minimierung der Kosten der Produktion. Zur Erreichung dieser Ziele werden oft „nur" die Hauptaufgaben der Produktionsfeinplanung, nämlich die Reduzierung der Lagerbestände und der Durchlaufzeiten der Aufträge herangezogen. Wird der Erfolg der Produktionsfeinplanung jedoch an der Optimierung dieser zwei Parameter gemessen, werden weitere relevante Unternehmensziele (z.B.: Liefertreue), welche von Optimierungsmaßnahmen im Rahmen der Produktionsfeinplanung betroffen sind, vernachlässigt. Um einen ehrlichen Überblick über die Effizienz der Produktionsfeinplanung zu erhalten muss daher ein erweitertes Controllingsystem herangezogen werden (siehe Abb. 5). Dies impliziert, dass zusätzlich zu den Kennzahlen betreffend die Lagerbestände und die Durchlaufzeit der Aufträge die Qualität der Aufträge, die Liefertreue und die Leistung der Aggregate betrachtet werden müssen.

---

[19] Vgl. Feldmann (1999), S. 1
[20] Vgl. Arnold et al. (2002), S. A-2-20
[21] Vgl. Domschke, Scholl, Voß (1993), S. 47

Zusammengefasst lässt sich sagen, dass für dieses erweiterte Controllingsystem die beiden Zielbegriffe der Produktionsfeinplanung, nämlich Leistung und Kosten, prägend sind. Diese wiederum erfahren ihre Konkretisierung in mehreren Unterzielen, deren Erfüllung mit Kennzahlen überwacht wird.

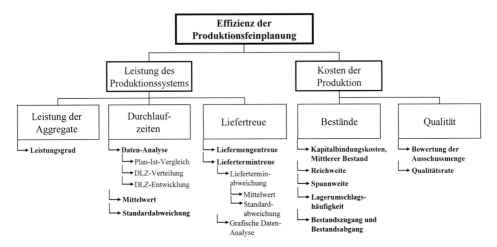

Abb.5: Controllingsystem für die Produktionsfeinplanung

In den nachstehenden Unterkapiteln wird nun im Detail auf dieses in Abb. 5 dargestellte erweiterte Controllingsystem eingegangen. Da es sich dabei um ein Ordnungssystem handelt, welches absolute Kennzahlen beinhaltet, besteht eine wesentliche Aufgabe in der Festlegung der minimalen und maximalen Zielwerte.

4.1 Bestandskennzahlen und Qualitätskennzahlen

Bestände sind wesentliche Voraussetzungen im Wertschöpfungsprozess und ermöglichen die folgenden wichtigen betrieblichen Zustände und Vorgänge:[22]

- *Reibungslose Produktion* durch kontinuierliche Auslastung der Aggregate.
- *Überbrückung von Störungen:* Tritt bei einem Aggregat eine Störung auf, dann erfüllt der Lagerbestand die Aufgabe eines Puffers. Dieser verhindert, dass kleine bis mittlere Ausfälle sich auf die vor- und/oder nachgeschalteten Aggregate auswirken.
- *Flexibilität bei der Kundenbedienung:* Bestände ermöglichen es trotz Schwankungen bei den Aufträgen, in der Kundenbedienung flexibel zu bleiben. Des Weiteren überbrücken sie Unsicherheiten bei der Lieferfähigkeit von internen und externen Lieferanten.

Für die Festlegung von Zielwerten ergibt sich aus diesen Funktionen des Lagerbestandes ein wesentlicher Zielkonflikt. Einerseits ist es wichtig einen gewissen Sicherheitsbestand einzuhalten, der die Flexibilität der Produktion garantiert und kleinere Störungen ausgleicht, andererseits soll der Lagerbestand ein definiertes Maximum nicht überschreiten, da

---

[22] Vgl. Gollwitzer, Karl (1998), S. 148f

sonst die Kapitalbindungskosten steigen und damit die Liquidität im Unternehmen sinkt. Des Weiteren ist zu beachten, dass der Lagerbestand aus zwei Typen von Erzeugnissen besteht. Es werden sowohl Erzeugnisse durch technologisch bedingte Wartezeiten auf Lager gelegt, als auch Erzeugnisse, die zur Weiterverarbeitung bereit stehen, jedoch auf ein freies Aggregat warten. Normalerweise beschränken sich die Bestandsmessungen und die festgelegten Zielwerte auf die letztere Bestandskategorie, da die Bestände mit technologisch bedingten Wartezeiten nur eine vordefinierte Zeitspanne im Lager verweilen können und diese Zeitspanne durch die Produktionsfeinplanung nicht beeinflusst werden kann.

Im Rahmen von Praxisprojekten hat sich gezeigt, dass sich speziell folgende Kennzahlen für die Betrachtung der Lagerbestände eignen.

- *Mittlerer Lagerbestand:* dieser lässt sich aus der Summe des Bestands der Arbeitstage pro Periode dividiert durch die Arbeitstage pro Periode berechnen.
- *Reichweite:* gibt jene Zeitdauer an, die mit dem vorhandenen Material weiterproduziert werden kann, wenn kein Nachschub geliefert werden würde.
- *Spannweite:* gibt die Differenz zwischen minimalem und maximalen Lagerbestand während einer Periode an.
- *Lagerumschlagshäufigkeit:* gibt an, wie oft der mittlere Lagerbestand eines Erzeugnisses während einer Periode komplett aus dem Lager entnommen und ersetzt wurde.
- *Bestandszugang und Bestandsabgang:* Für eine festgelegte Periode werden die Zu- und Abgänge im Lager festgehalten. Der Lagerbestand sollte dabei auf Stunden- oder Tagesbasis gemessen werden. Die erhobenen Daten werden meist in Form eines Zugangs-Abgangs-Diagramms dargestellt, bei welchem ausgehend von einem Anfangsbestand alle Zugänge aufgetragen werden. In gleicher Weise werden vom Nullpunkt aus die Abgangsmengen dargestellt.[23]

In der Praxis werden nicht immer alle der angeführten Bestandskennzahlen in das Controllingsystem aufgenommen. Jedoch sollten speziell die Kennzahlen mittlerer Lagerbestand, Reichweite und Bestandszugang/Bestandsabgang betrachtet werden, da sie einen guten Überblick über die Bestandssituation geben. Die Reichweite gibt dabei Auskunft über die interne Versorgungssicherheit durch eigene Bestände. Da sie jedoch keine Information über den Füllungsgrad des Lagers liefert ist die zusätzliche Betrachtung der Kennzahl mittlerer Lagerbestand notwendig. Ausgehend vom mittleren Bestand lassen sich die Kapitalbindungskosten berechnen, welche sich aus dem mittleren Lagerbestand multipliziert mit einem kalkulatorischen Zinssatz in Abhängigkeit von den potenziellen anderweitigen Verwendungsmöglichkeiten des gebundenen Kapitals, ergeben. Ein Zugangs-Abgangs-Diagramm erweitert das Controllingsystem um einen Überblick über die Tagesbestände, da die Periode für welche die restlichen Kennzahlen berechnet werden meist ein Monat oder eine Woche beträgt.

Für die Messung der Prozessqualität eignet sich die Berechnung der Qualitätsrate, welche eine Unterkennzahl des OEE-Wertes[24] darstellt. Sie gibt an wie hoch der Prozentsatz der fehlerfreien Erzeugnisse im Verhältnis zur Gesamtproduktionsmenge ist. Zusätzlich ist

---
[23] Vgl. Gollwitzer, Karl (1998), S. 163
[24] Zum OEE-Wert siehe Nakajima (1995), S. 41ff

eine monetäre Bewertung der Ausschussmenge für die betrachtete Periode notwendig um einen Überblick über die Kosten der fehlerhaften Produktion zu erhalten.

4.2 Kennzahlen für Durchlaufzeit, Liefertreue und Leistung der Aggregate

Ziel des Durchlaufzeiten-Controllings ist die Sicherstellung von kurzen und stabilen Durchlaufzeiten. Um dies zu erreichen muss in einem ersten Schritt die Durchlaufzeitstrecke definiert werden. Die Festlegung der dazu notwendigen Messpunkte erfolgt anhand der Aussagefähigkeit (Strecke nicht zu lange, Gleichartigkeit der Arbeitsvorgänge, etc.), der Hantierbarkeit (Eingabe- und Auswertungsaufwand) und der Verantwortlichkeit (Messstrecke sollte innerhalb eines Kompetenzbereiches liegen). Der nächste Schritt besteht in der Ermittlung der Plan-Durchlaufzeiten. Diese sind essentiell, da sie einen wesentlichen Bestandteil aller Teilschritte der Produktionsplanung darstellen. Ausgehend von den Plan- und Ist-Durchlaufzeiten können Grafiken mit der Durchlaufzeiten-Verteilung, der Durchlaufzeiten-Entwicklung und einem Plan-Ist-Vergleich erstellt werden (siehe Abb. 6), wobei letztere Grafik besonders wichtig ist. Des Weiteren ist im Rahmen der Prozessbeherrschung die Berechnung der mittleren Durchlaufzeit und die Berechnung der Standardabweichung empfehlenswert.

Abb.6: Durchlaufzeiten-Verteilung, Durchlaufzeiten-Entwicklung, Plan-Ist-Vergleich[25]

Die Liefertreue gibt Aufschluss darüber, wie groß der Anteil der termingerecht und vollständig ausgelieferten Aufträge an der Gesamtzahl der ausgelieferten Aufträge (intern und extern) ist. Dabei kann man zwischen der Liefermengentreue und der Liefertermintreue unterscheiden. In beide Fälle ist es wie bei dem Durchlaufzeiten-Controlling möglich, die Plan- und Ist-Daten grafisch zu analysieren sowie den Mittelwert und die Standardabweichung zu berechnen.

Die Leistung der Aggregate kann mit Hilfe des Leistungsgrades bestimmt werden, welcher eine Unterkennzahl des OEE-Wertes ist und das Ergebnis der Netto-Betriebszeit dividiert durch die Betriebszeit darstellt. Die Betriebszeit lässt sich dabei aus der gesamten verfügbaren Zeit abzüglich der Verluste durch Ausfallzeiten, welche durch Störungen und Rüsten der Aggregate entstehen, ermitteln. Die Netto-Betriebszeit ist ein Teil der Betriebszeit und lässt sich durch Abziehen aller Geschwindigkeitsverluste von der Betriebszeit berechnen. Unter Geschwindigkeitsverlusten versteht man dabei Verluste durch Kurzstillstände und Leerläufe sowie durch eine verringerte Geschwindigkeit.[26]

---

[25] In Anlehnung an Gollwitzer, Karl (1998), S. 132
[26] Vgl. Nakajima (1995), S. 43

5 Resümee

Im vorliegenden Beitrag wurde ein Controllingsystem zur Abbildung und Steuerung der Produktionsfeinplanung vorgestellt. Dieses basiert auf den zwei wesentlichen Zielbegriffen für die Produktionsfeinplanung, nämlich der Maximierung der Leistung und der Minimierung der Kosten der Produktion. Für jedes dieser zwei Ziele werden Unterziele definiert, welche mit Hilfe von Kennzahlen überprüft werden. Wesentlich ist dabei, dass die Leistung eines Produktionssystems nicht nur durch eine optimale Durchlaufzeit abgebildet wird, sondern dass zusätzlich die Liefertreue sowie die Leistung der Aggregate betrachtet werden müssen. Im Hinblick auf die Kosten der Produktion ist es einerseits wichtig Kennzahlen bezüglich den Lagerbeständen zu ermitteln, da diese verantwortlich für zu hohe Kapitalbindungskosten sind, andererseits werden Qualitätskennzahlen miteinbezogen, da auch die Ausschussmengen einen wesentlichen Einfluss auf die Produktionskosten haben.

6 Literatur

- Arnold, D. et. al.(2002): Handbuch Logistik. Berlin u.a.: Springer Verlag.
- Domschke, Wolfgang; Scholl, Armin; Voß, Stefan (1993), Produktionsplanung. 2. Aufl., Berlin u.a.: Springer Verlag.
- Feldmann, M. (1999): Naturanaloge Verfahren – Metaheuristiken zur Reihenfolgeplanung. Dissertation, Universität Bielefeld.
- Gladen, Werner (2001): Kennzahlen- und Berichtssysteme. Wiesbaden: Gabler Verlag.
- Gollwitzer, Michael; Karl, Rudi (1998): Logistik-Controlling. München: Wirtschaftsverlag Langen Müller/Herbig.
- Gutenberg, Erich (1983): Grundlagen der Betriebswirtschaftslehre - Die Produktion. Berlin: Springer Verlag.
- Horváth, Péter (1996): Controlling. 6. Aufl., München: Verlag Franz Vahlen GmbH.
- Kistner, Klaus-Peter; Steven, Marion (2001): Produktionsplanung. 3. Aufl., Berlin u.a.: Springer Verlag.
- Löschnauer, Jürgen; Pichler, Thorsten; Schiefer, Eva (2006): Overall Equipment Effectiveness (OEE) als Steuerungsinstrument in Produktionssystemen. In: Biedermann, H. (Hrsg.) Komplexitätsorientiertes Anlagenmanagement. Köln: TÜV Verlag.
- Nakajima, Seiichi (1995): Management der Produktionseinrichtungen (Total Productive Maintenance). Frankfurt, New York: Campus Verlag.
- Neumann, K; Morlock, M. (2002): Operations Research. 2. Aufl., Karlsruhe: Hanser Verlag.
- Reichmann, Thomas (1993): Kostenrechnung und Kennzahlensystem für das Logistik-Controlling. In: Männel, W.(Hrsg.): Logistik-Controlling – Konzepte, Instrumente, Wirtschaftlichkeit. Wiesbaden: Gabler Verlag.
- Sandt, Joachim (2004): Management mit Kennzahlen und Kennzahlensystemen. Wiesbaden: Deutscher Universitätsverlag.
- Schuh, Günther (2006): Produktionsplanung und -steuerung (Hrsg.). Berlin u.a.: Springer Verlag.
- Teich, T. (2002): Extended Value Chain Management – ein Konzept zur Koordination von Wertschöpfungsnetzen. Habilitation, Technische Universität Chemnitz.

Mitarbeiter an komplexen Anlagen

Betroffene zu Beteiligten machen

Heiko Günsch

In der zunehmend technikverliebten Welt moderner Industriebetriebe scheint die Komplexität den Menschen als Produktions- und Erfolgsfaktor zu verdrängen. Neue Aufgabengebiete, die sich im Kern mit der Überwachung und Aufrechterhaltung der Produktionsfähigkeit hoch mechanisierter Anlagen beschäftigen, deuten auf eher hochqualifizierte Mitarbeiter, an die wachsende kognitive Anforderungen gestellt werden. Mit Hilfe von Strategien wird die Komplexität beherrschbar, aber in welche Rolle schlüpft dabei der Mensch? Am Beispiel der Einführung eines TPM- Konzeptes wird im Gegensatz dazu die mitarbeiterbezogene und zielgerichtete Beeinflussung von Technik in den Fokus gerückt. Der Kerngedanke sieht den Menschen, seine Motivation und seine auf allen Ebenen vorhandene Expertise als das eigentliche Potenzial.

1 Einleitung

1.1 Die Einführung neuer Instandhaltungskonzepte zwischen Schein und Sein

Die Einführung neuer Formen der Instandhaltungsorganisation ist von einer großen Anzahl von Unternehmen weltweit zu der „Lösungsstrategie" für die Steigerung von Verfügbarkeit und Ausbringung in stark mechanisierten Bereichen erklärt worden. In einer meist sehr komplexen Problemsituation, vor welcher sich zweifelsfrei zunehmend mehr Verantwortliche befinden, ist es einfach, nach Schlagworten wie TPM zu greifen - unterstützt von einer großen Schar von Beratern, die leider nur allzu oft Patentlösungen anbieten, ohne den Weg zum Ergebnis auf dem Hallenboden – oder neudeutsch shop-floor - mitzugehen.

Betrachtet man ein Arbeitssystem als soziotechnisches Gebilde, dann lassen sich Grenzen in der Flexibilität bzw. der einseitigen Veränderbarkeit einer Organisation erkennen. Ein Verweis auf die beiden sich wechselseitig beeinflussenden Strukturteile – die Technik und den sie beeinflussenden Menschen setzt daher einen ersten Rahmen für ein modifiziertes oder neues Konzept.

Häufig genug führen jedoch die fehlende Analyse des Ausgangszustandes und des Handlungsspielraumes zu überhasteten Konzepteinführungen, deren Vorbereitungsphase zu kurz, nicht intensiv genug oder nicht für alle Betroffenen von gleicher Reichweite war. Als Folge drohen eine schnelle Resignation bei Ausbleiben der „Erfolge", die idealer Weise in unmittelbaren Steigerungsraten der Ausbringung, der Gesamtanlageneffizienz und in sinkenden Gesamtkosten gemessen werden.

Das Fraunhofer-Institut für Systemtechnik und Innovationsforschung hat in einer Arbeit von Lay, Dreher und Kinkel[1] bei 1305 Unternehmen den Einsatz neuer Organisationsprinzipien verfolgt und untersucht und kam zu deutlichen Ergebnissen (Tab. 1). Selbst wenn das TPM-Konzept nicht explizit aufgeführt wurde, ließe es sich nahtlos in diese Aufzählung einfügen, da gerade hier erst ein hohes Maß an Konsequenz und Basisarbeit über einen langen Zeitraum den letztendlichen Erfolg ermöglicht:

Tab. 1: Einsatz neuer Organisationsprinzipien

	eingeführt	optimal genutzt
Gruppenarbeit	32%	6%
Aufgabenintegration	43%	9%
Dezentralisierung	24%	8%
Entwicklungsteams	42%	6%
Zertifizierung (z.B. ISO 9000)	44%	32%

Von flächendeckender Einführung neuer Organisationsprinzipien, wie Fachjournale allenthalben verbreiten, kann also nicht die Rede sein. Noch weniger von ihrer tatsächlichen Konsolidierung.

Weltz[2] geht in seiner Analyse noch einen Schritt weiter und erkennt eine Doppelstrategie im Verhalten von Unternehmen bezüglich der Implementierung neuer Wege der Arbeitsorganisation, wie sie in Abb. 1 dargestellt ist:

DIE DOPPELSTRATEGIE ALS AUSGANGSPUNKT DES DILEMMAS

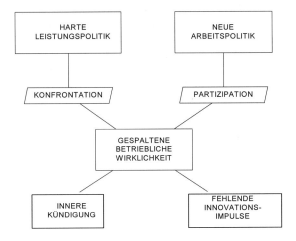

Abb. 1: Doppelstrategie bei Einführung neuer Organisationsprinzipien (Weltz)

---

[1] Vgl. Lay et al. (1997)
[2] Vgl. Weltz (1997)

Das hier verdeutlichte, teils schizophrene Verhalten der Unternehmen zeigt eindrücklich, dass die Einführung von Neuen Organisationsprinzipien wie z.B. TPM eine Veränderung der Philosophie hinsichtlich der Führung und der Verantwortungsdelegation erfordert. Diese Veränderungen gehen mit der Aufgabe von mehr oder weniger lange etablierten Machtbefugnissen und Rollenverteilungen einher. An einer solchen langfristigen Entwicklung mit der Freigabe von Verantwortung und der damit verbundenen Privilegien haben jedoch die davon Betroffenen verständlicherweise wenig Interesse. Die für die Umsetzung notwendigen zeitlichen und inhaltlichen Handlungsspielräume werden nur bedingt eingeräumt bzw. bei schwankenden Leistungskennzahlen – einem Symptom beginnender Veränderung – wieder entzogen.

1.2 Der Mitarbeiter als Produktionsfaktor – ein Auslaufmodell?

Sie ist längst keine Vision mehr – die menschenleere Fabrikhalle.
Angesichts hoch präziser Fertigung in Räumen mit extremen Reinheitsansprüchen werden bereits ganze Produktionslinien der feintechnischen Branche bedienerlos betrieben. Gespenstig anmutende Füge-, Bearbeitungs-, Kontroll- und Transportvorgänge rufen im Betrachter dieselbe Beklommenheit hervor, die er beim Anblick einer menschenleeren Jumbojet-Pilotenkabine in über 8000 Meter Höhe verspürt.

Was damals futuristisch anmutend aber bereits als reale Bedrohung bei Charlie Chaplins in „Modern Times" aufgegriffen wurde (Abb. 2), findet sich sowohl im realen Industriegeschehen als auch in immer bedrohlicheren Szenarien der Filmszene wieder und lässt sich mit dem Begriff der „Diktatur der Technik über den Menschen" oder wissenschaftlich ausgedrückt mit dem Sieg der Künstlichen Intelligenz umschreiben.

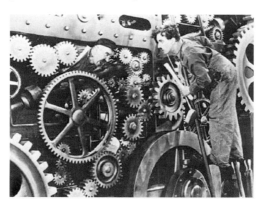

Abb. 2: Szenebild aus „Modern Times" – Horror oder Realität?

Die besonderen Anforderungen moderner Produkte und effizienter Fertigung lassen den Menschen als Produktionsfaktor hinter definiert steuerbare und zunehmend verkettete Automaten zurücktreten. Selbst im verarbeitenden Gewerbe der Automobilindustrie ist ein Mitarbeiter, der am Einlegefenster einer Roboteranlage Teile positioniert, nicht per se unersetzbar. Vielmehr verdankt er in der Regel seine Daseinsberechtigung einer Investitionsrestriktion oder einer bislang nur aufwendig beherrschbaren Komplexität – bis zum nächsten konstruktiven Update.

Dieser eher aussterbenden Spezies stehen jedoch neue Mitarbeitercharaktere gegenüber, die mehr und mehr an Bedeutung gewinnen. Durch die Komplexität und Vernetztheit der Anlagen vervielfältigt sich der Instandhaltungs- und Instandsetzungsbedarf und setzt damit den Schwerpunkt der Aufgaben auf die Herstellung, Erhaltung und Verbesserung der Funktionstüchtigkeit der Anlagen.

Begleitet wird dieser Trend durch die Erweiterung der Arbeitsaufgabe im Sinne einer Verantwortungsdelegation. Die traditionelle Trennung von direkten und indirekten Tätigkeitsbildern verschwindet. Ganzheitliche Produktionskonzepte wie Total Productive Maintenance oder Total Quality Management weichen zumindest konzeptionell die starren Grenzen zwischen Bedienpersonal, Instandhaltern und Qualitätskontrolleuren auf. Konzeptionell, da der Sprung vom Hochglanz- Foliensatz in die betriebliche Realität oft misslingt. Dennoch zwingen sowohl der Trend als auch der Kosten- und Erfolgsdruck zum Handeln, ob durch gut strukturierte Projektarbeit oder durch die gute alte Try-and-Error-Methode.

Zusammenfassend lässt sich das Argument der drohenden menschenleeren Fabrik also zumindest zum Teil entkräften. Während die Mehrzahl relativ einfacher bzw. traditioneller Tätigkeiten wie:

- Einlegen von Teilen,
- Montage simpler Baugruppen,
- Schweißarbeiten,
- Steuerung von Fertigungsfolgen oder
- Qualitätskontrollen anhand von klaren Parametern

dem Menschen zunehmend durch die Technik abgenommen werden, fallen auf immer weniger Mitarbeiter immer komplexere, wenn auch eher organisierende und sicherstellende Arbeiten im Anlagenumfeld an, wie:

- Vorbeugende Wartung und Reinigung,
- Parameterverfolgung und Reaktion auf Abweichungen,
- Störungsdiagnose und –beseitigung,
- Störungsvermeidung durch Lernen und Anlagenoptimierung.

Ausgehend von diesen Betrachtungen ist die Frage legitim, wie sich der Wandel von Betroffenen der Symptomwelt komplexer Anlagen zu Beteiligten im Sinne von aktiven und steuernden Prozessbegleitern vollziehen kann. Des Weiteren bleibt offen, ob es für Problemsymptome solch komplexer Anlagen tatsächlich nur ebenso komplexe oder letztendlich sogar einfache Lösungen gibt?

1.3 Komplexe Anlagen und Strategien zur Bewältigung

Worin besteht nun eigentlich die Eigenart komplexer Anlagen und was sind die Herausforderungen an den Einsatz von Mitarbeitern?

Die Komplexität einer Anlage lässt sich für den daran tätigen Mitarbeiter nach Dörner[3] in vier Grundphänomene aufschlüsseln (Abbildung 3).

---

[3] Vgl. Dörner (1981)

- Sie konfrontieren den Menschen mit großen Informationsmengen (A).
- Sie sind für den sie bedienenden Menschen weitgehend intransparent (B).
- Sie sind vernetzt, d.h. die Komponenten agieren vielfältig miteinander (C).
- Sie sind hochgradig dynamisch – auch ohne Eingriffe von außen (D).

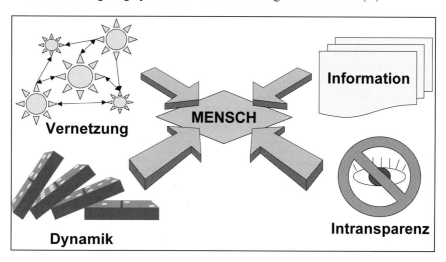

Abb. 3: Merkmale und kognitive Anforderungen komplexer Systeme (in Anlehnung an Dörner 1981)

Alle vier Merkmale tragen nach Kluwe[4] zu einer kaum beherrschbaren Informationslast bei, die letztendlich im Umgang mit komplexen Systemen zu einer hohen Unsicherheit führt.

Die Globalstrategie konzentriert sich aus diesem Grund sowohl im menschlichen Bereich als auch bei der Gestaltung des Anlagenumfeldes auf eine Reduzierung eben dieser wahrgenommenen Unsicherheit. Was kann man sich bezüglich der vier Grundphänomene darunter vorstellen?

- (A) Die Informationsmenge wird zum einen durch eine definierte Clusterung in wichtige und unwichtige bzw. in funktional verschiedene Systemkomponenten reduziert. Zum anderen sorgt eine Zusammenfassung von Komponenten zu neuen Einheiten oder auch Modulen für eine Verdichtung der Information.

- (B) Eine Verbesserung der Transparenz ergibt die Ausbildung oder Aneignung geeigneter Strategien bei erforderlichen Eingriffen in das System. Dies können sowohl Routinen der eigentlichen Datengewinnung als auch zielgerichtete Algorithmen zur Störungsdiagnose oder Qualitätsverbesserung sein.

- (C) Vernetzungen werden durch eine differenzierte Abbildung des Systems und seiner Komponenten entschlüsselt. Die Analyse der Input- und Outputmenge erlaubt Rückschlüsse auf den Grad der gegenseitigen Abhängigkeit. Das setzt jedoch das Denken in Kausalnetzen an Stelle von Kausalketten voraus.

---

[4] Vgl. Kluwe (1997)

- (D) Die systemimmanente Eigendynamik ist letztendlich nur durch eine neue Strategie im Umgang mit Problemsituationen zu bewältigen. Reichte traditionell die Klärung der Faktoren „Ist-Zustand", „Ziel-Zustand" und „Lösungsweg" aus, so muss in komplexen Umgebungen jedwede Veränderung des Systemzustandes in die weitere Strategie einbezogen werden.

Nun scheint sich der wolkenverhangene Himmel etwas zu lichten, gibt es doch hinreichend Ansätze zur Bewältigung der komplexen Herausforderung. Ausbildungsprogramme, Simulationsmodelle und unterstützende Expertensysteme schaffen tatsächlich Optionen für die Erhaltung der Kontrollinstanz Mensch.

2 Der Mitarbeiter als motivierter Aktivposten

Doch wie bereits anfangs erwähnt, ist das technisch komplexe System nur das Objekt, mit dem der Mitarbeiter konfrontiert wird und umzugehen lernen muss. So eignet er sich an, als Betroffener richtig zu reagieren. Ist er deswegen schon Beteiligter im Sinne des aktiven, bewussten und motivierten Gestaltens in dieser Umgebung? Schließlich treffen die oben genannten Strategien auf ein relativ inhomogenes Mitarbeiterfeld. Hat der „einfache" Mann überhaupt eine Chance, zu agieren?

2.1 Anforderungen des modernen Fahrzeugbaus

Im modernen Karosseriebau eines Fahrzeugwerkes wurden die traditionellen Wälder der Einzelschweißzangen bereits seit langem von verketteten Roboterschweißfeldern und Laserkabinen abgelöst. Abweichungen hiervon lassen sich lediglich noch in Kleinserienfertigungen der Oberklasse wie zum Beispiel des Bentley oder des Maybach erkennen, bei denen eine Mechanisierung nicht wirtschaftlich ist und der Anspruch an Qualität des Einzelstücks den Aufwand der Manufaktur rechtfertigt (Abb. 4).

Abb. 4: Qualifizierungsanforderungen in der automobilen Kleinserie und Großserie (Quelle VWS)

Die mit dem ursprünglichen Berufsbild des Karosseriebauers erworbenen Fertigkeiten sind weitestgehend nicht mehr gefragt. Resultierend daraus finden wir in der Großserienfertigung eine weit klaffende Schere der Anforderungen. Das Spektrum reicht von einfachsten monotonen Einlegearbeiten im 50-Sekunden-Takt über Kontroll- und Korrekturarbeiten bis hin zur Betreuung von hochkomplexen Laseranlagen, die neben einer Basisausbildung zum Mechatroniker zusätzliche aufbauende Qualifizierungen von bis zu einem Jahr erfordern. Erst nach dieser Weiterbildung ist der Bediener tatsächlich in der Lage, die unter 2.3 erwähnten Herausforderungen im Grundbetrieb der Anlage abzudecken.

Letztlich sind jedoch alle erwähnten Mitarbeiter einschließlich der betreuenden Servicebereiche der Instandhaltung für die Erreichung der Kennzahlenziele ihres Fertigungsabschnittes gleichermaßen in der Pflicht. Um dies sicherzustellen, benötigt jeder von ihnen entsprechende Eingriffsmöglichkeiten und Steuergrößen, andernfalls bleibt er betroffener Zuschauer.

2.2 Ganzheitliche Instandhaltungsstrategien

Hier wiederum zeigt sich die Güte und – im soziotechnischen Sinne – die Ganzheitlichkeit des entsprechenden Konzeptes. Die technischen Möglichkeiten der Ergebnisverbesserung werden voll ausgeschöpft und sind meist eher investiv begrenzt. Doch setzt sich zunehmend die Erkenntnis durch, dass die eigentliche Organisation der Arbeit unter den Mitarbeitern weitaus größere Potenziale birgt, deren Hebung nicht nur kostengünstiger sondern auch nachhaltiger ist.

Die Altväter der erfolgreichsten Konzepte zur Verbesserung der Anlagenperformance bauten in den 70er Jahren darauf, dass der Mensch, seine Einstellung zur Maschine und die von ihm ersonnenen simplen Vorgehensweisen Probleme nicht nur sofort an den Tag bringen sondern auch erheblich zu deren Lösung beitragen. Takeda (1995) stellt dazu die These auf, das Know-how für die Erhöhung der technischen Verfügbarkeit und des realen Leistungsgrades läge ausschließlich bei den am Genba (Anm.: vor Ort) tätigen Menschen.

2.2.1 Neue Organisationsformen brauchen eine Basis

Sowohl die klassische Aufgabenteilung innerhalb des Produktionsteams als auch die Schnittstelle zu Instandhaltern und Dienstleistern bedarf einer Neuregelung, um die Motivation und die Beteiligung der Mitarbeiter auf ein neues Niveau zu bringen. Schließlich hängt die Frage, welche Erfolge ein Betrieb mit TPM erzielt, stark davon ab, wie wirksam sich die Menschen innerhalb dieser Organisation für das Unternehmensziel einsetzen können und wollen. Das vermeintlich Einfache stößt jedoch auf Widerstände. Allen voran stehen die so genannten Sachzwänge. Sie manifestieren sich in festgeschriebenen Regeln und Vertragswerken:

- Dienstleistungsvereinbarungen mit Anlagenlieferanten und Wartungsfirmen,
- Arbeitsverträge mit den dazu gehörigen Stellen- und Aufgabenbeschreibungen,
- Tarifliche Regelungen für Leistungsgruppierungen und entsprechende Löhne,
- Zugangsberechtigungen mit restriktiven Handlungsspielräumen,
- Arbeits- und Verfahrensanweisungen (Zertifizierungsbasis) zur Aufgabenteilung.

Solcherlei gewachsene Hindernisse würden zu Einschränkungen bei einer Neuverteilung der Aufgaben führen. An das neue Konzept angepasst bilden sie jedoch eine gute Basis für dessen erfolgreiche Implementierung. In einem Pilotprojekt wurden sowohl die Aufgaben neu definiert als auch die dazu notwendigen Richtlinien angepasst (Abb. 5).

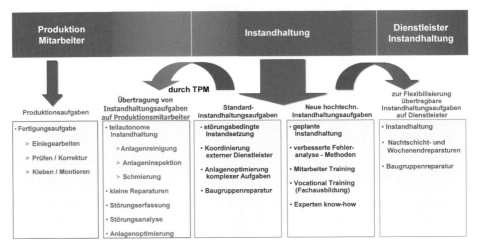

Abb. 5: Neuverteilung von Aufgaben und Kompetenzen – Pilotprojekt Karosseriebau (Quelle VWS)

Als wesentlich stellte sich heraus, dass eine rigide Strukturanpassung hier nicht ausreicht. Diese kann zwar das Verhalten in vorbestimmte Richtungen kanalisieren, demotiviert aber die meisten Menschen. Der Dienst nach Anweisung verhindert die notwendige Identifikation der Mitarbeiter als Experten vor Ort mit „ihrer Anlage".

2.2.2 Von Betroffenen zu Beteiligten

Womit wir bereits bei einem Kernproblem wären. In unserer technikgeprägten Denkweise passen einfache Lösungen und Aktivitäten wie das Reinigen, Prüfen und Warten von Anlagenkomponenten nicht zu komplexen Anlagen und deren mannigfaltigen Störungen. Daher setzen viele Manager ihre ganze Hoffnung in die Techniker und Instandhalter. Diese greifen allerdings meist erst im Störungsfall und damit reaktiv ins Geschehen ein.

In der Realität zeigt sich jedoch bei einer konsequenten Umsetzung von Reinigungs- und Wartungstätigkeiten durch die Mitarbeiter vor Ort, dass gerade mit diesen simplen Arbeiten in geplanten Stillstandszeiten der Anlage die hohe Verfügbarkeit von morgen gesichert wird. Den Zusammenhang zwischen Reinigung und Ausbringung sieht Takeda (ebenda) in dem einfachen Satz: Reinigen ist Prüfen, und Prüfen ist das (vorbeugende) Beheben von Störungen. Die Anlage im technischen Sinne „gesund und fit" zu halten, erfordert Präsenz, Leidenschaft und ein Gespür für sich entwickelnde Probleme.

Auswertungen von Störungen in hochkomplexen Laser-Anlagenbereichen ergaben eine starke Häufung von Stillständen wegen vergleichsweise trivialer Ursachen, wie:

- festgefahrene Spanner,
- verschmutzte und abgenutzte Initiatoren,

- Hebel fahren auf Grund von Verschmutzung nicht bis zum Anschlag,
- defekte Schlauchpakete,
- verschmutzte Laseroptiken.

Neben den eher seltenen technisch anspruchsvollen Störungen, deren Behebung oder Vermeidung viele der in 2.3 dargelegten Fertigkeiten verlangt, bestätigen die eben aufgezählten Defekte die Thesen von Takeda. So gravierend kleine Ursachen in ihrer Häufung jede Verfügbarkeitssteigerung verhindern, so zwingend einfach ist der zu wählende Ansatz: Die Störungsvermeidung beginnt mit dem Sicherstellen trivialer Grundfunktionalitäten.

Im Pilotprojekt erfolgte eine Übergabe oder sagen wir im positiven Sinne letztendlich eine Übernahme der Verantwortung auf allen Ebenen (Tab. 2). In mehreren Teamgesprächen und Workshops mit allen Beteiligten wurden durch das gesamte Team die einzelnen Schritte besprochen und die Maßnahmen zu deren Umsetzung sowie ein Zeitplan erarbeitet. Gemeinsame Reinigungsschichten mit dem Management untermauerten die Ernsthaftigkeit des Vorhabens. Erste Erfolge bereits in diesem Stadium motivierten alle Beteiligten. Für die Projektlaufzeit von 12 Monaten wurde zusätzlich in jeder Schicht vor Ort ein speziell qualifizierter TPM- Facharbeiter zur Koordination eingesetzt.

Tab. 2: Verantwortungsübernahme im Pilotbereich bei Einführung von TPM (Quelle VWS)

Ebene	Verantwortung übernommen für:
Leiter Karosseriebau	• Geplante Stillstandszeiten zur Reinigung / Prüfung / Wartung • Personalkapazität und Ressourcen für TPM-Pilotprojekt • Treiben des Prozesses und Delegation von Verantwortung
Meister	• Qualifizierung und Motivation der Mitarbeiter für TPM • Organisation der Patenschaften für die Anlagen durch Teams
Instandhalter	• Übernahme komplexer Wartungstätigkeiten von Dienstleistern • Qualifizierung von Anlagenpersonal zur Störungsbeseitigung • Auswertung von Störungsdaten zur präventiven Wartung
Anlagenbediener	• Vereinbarung von Zielen zu Verfügbarkeit und Qualität • Kennzahlenerfassung für alle Betriebszustände und Planwerte • Störungserstdiagnose und Durchführung kleiner Reparaturen • Koordination der Arbeiten des Patenteams an seiner Anlage • Analyse der Ist-Daten und gemeinsame Optimierung im Team
Mannschaft / Team	• Übernahme der Patenschaft für „ihre" Anlage • Wartungsplanung und -durchführung gemeinsam mit Bediener • Visualisierung und Statusbericht zu den Ziel-Kennzahlen • Aktive Optimierung mit Hilfe von TPM-Workshops

Die verwendete Methodik entspricht den fünf bekannten Kernsäulen der TPM-Philosophie, die jeweils mit mehreren Schritten untersetzt sind:

- Schulung und Training,
- Autonome Instandhaltung,
- Geplante Instandhaltung,
- Anlagenoptimierung und
- Instandhaltungsprävention.

Alle diese Schritte und Säulen greifen Bekanntes oder Vorhandenes auf und bringen es unter Einbeziehung aller Mitarbeiter auf ein nächst höheres Level (Abb. 6).

Autonome Instandhaltung - Phase 1

	Aktivitäten	Auswirkungen auf Anlage	Ziele
Schritt 3	Festlegung von Standards: - Reinigung - Inspektion - Organisation Arbeitsplatzes - Visualisierung - Schmierung	-Optimierung des Ist-Zustandes - Reduzierung von Stillständen - Systematisierung von: - Reinigung - Inspektionen - Schmierung -Instandhaltung	-Verantwortungsübernahme für Qualität und Quantität durch die Mitarbeiter - Einhalten von Reinigungs-, Instandhaltungs- und Inspektionsstandards
Schritt 2	-Verbesserung der Reinigungs-, Schmierungs- und Wartungsfreundlichkeit	- Erhaltung und Absicherung der erzielten Anlagenverbesserung (technisch, Ordnung & Sauberkeit) .- Verbesserung der Anlagen- zuverlässigkeit	- Einführung regelmäßiger TPM-Teamgespräche - Umsetzung der gemeinsam vereinbarten Maßnahmen und Aufgaben
Schritt 1	- Basisreinigung der Anlagen - Rote und blaue Etiketten	- Entwicklung eines neuen Reinigungsplanes oder Revision des alten -Entdecken und Identifizieren von versteckten Fehlern	-Organisation des Arbeitsplatzes und der Umgebung -Verbessung Kommunikation und Wissensaustausches der MA - Gemeinsame Entscheidung der weiteren Vorgehensweise

Abb. 6: Schrittfolge bei Umsetzung der Autonomen Instandhaltung (Auszug), (Quelle VWS)

Es ist sicher nur allzu fair, darauf hinzuweisen, dass dieser Prozess nicht ohne Hürden und Rückschläge stattfinden konnte. Wie sprechen letztendlich über:

- komplexe Anlagen, deren Verfügbarkeit die Ausbringung einer Fabrik steuert,
- Manager, Mitarbeiter und Instandhalter, die einem traditionellen Rollengefüge entstammen und damit letztlich alle erdenklichen menschlichen Reaktionen zeigen,
- Investitionen von zeitlichen und personellen Ressourcen in Zeiten harten Wettbewerbsdrucks, wobei der „Return on Investment" Geduld und Vertrauen erfordert.

Doch das einmal Investierte und konsequent Umgesetzte zeigt im erwähnten Pilotbereich Verbesserungen in nahezu allen Aspekten. Neben der Steigerung der Gesamtanlageneffizienz von 69% auf 89% und einer Beseitigung des Engpasses nach nur einem Jahr, stabilisierte sich auch die Qualität, was den Kontroll- und Nacharbeitsaufwand senkte.

Viel wichtiger ist jedoch das – sicher noch nicht endgültige aber vom Trend her stetig wachsende – motivationale Ergebnis. Obwohl schwer zu kalkulieren und noch schwerer zu messen, hat sich in den Köpfen der Mitarbeiter, vom Einleger über den Instandhalter bis zum Leiter, ein Wandel vollzogen: **Aus Betroffenen wurden Beteiligte.**

3 Resumee

Ein Wandel, der wohl weniger trotz sondern eher wegen der zunehmenden Komplexität der Technik möglich wurde. Doch was waren – vielmehr was sind die Erfolgsfaktoren für eine solche Entwicklung? Meines Erachtens spielen – wiederum im soziotechnischen Sinne – mehrere Variable eine Rolle.

Natürlich beginnt der verantwortungsbewusste Umgang mit komplexen Fertigungsanlagen bereits bei der Planung. Der Trend zu fortschrittlichen Produktionsverfahren und die Brillanz der angepriesenen Technologie lässt häufig und vor allem auf Entscheider- Ebene die Beherrschbarkeit der Komplexität sowie den dafür benötigten Aufwand in den Hintergrund rücken. Ein verantwortungsbewusstes und dosiertes Einsteigen unter Einbeziehung derjenigen, die später für den operativen Einsatz gerade stehen, hat sich an dieser Stelle als sinnvolle Strategie bewährt. Der Mensch muss der Technik ihre Rolle zuteilen und sie beherrschen, nicht umgekehrt.

Die soziale Verantwortung für den Mitarbeiter, seine Arbeitskraft und seine Motivation übernimmt ein Unternehmen genau in dem Moment, wie es auf neue technische Herausforderungen und Trends angemessen reagiert. Angemessen heißt in diesem Falle, die Technik als Unterstützung für den Menschen einzusetzen und ihm Ressourcen und Aufgaben zu geben, diese in beiderseitigem Interesse erfolgreich einzusetzen.

In vielen Wirtschaftsjournalen taucht der Begriff des Humankapitals auf. Wenn wir über unsere Mitarbeiter sprechen, dann sollten wir lernen, gerade in hoch mechanisierten Produktionsstätten das Wort Humanressourcen zu verwenden. Ressourcen sind wertvoll und in der Regel nicht unendlich verfügbar, so dass allein diese Eigenschaften zu einem verantwortungsvollen und effizienten Einsatz verpflichten.

4 Literatur und Quellen

- Kluwe, R. H.: Informationsverarbeitung, Wissen und mentale Modelle beim Umgang mit komplexen Systemen, in Sonntag, K. / Schaper, N. (Hrsg.): Störungsmanagement und Diagnosekompetenz, 13-38, vdf Hochschulverlag ETH Zürich, 1997
- Takeda, H.: Das synchrone Produktionssystem, mi-Fachverlag, 1995
- Dörner, D.: Über die Schwierigkeiten menschlichen Umgangs mit Komplexität, in Psychologische Rundschau, 32, 163-179, 1981
- Lay, Dreher und Kinkel: Studie zum Einsatz neuer Organisationsprinzipien, Tagungsband (unveröffentlicht), IHK Kassel, 1997
- Weltz, F.: Anspruch und Wirklichkeit flexibler Organisationsstrukturen, Tagungsband (unveröffentlicht), IHK Kassel, 1997
- VWS: Unveröffentlichte Darstellungen aus Projektunterlagen der Volkswagen Sachsen GmbH, 2004-2007

Einführung von Total Productive Manufacturing in einer globalen Konzernstruktur

Methoden und Instrumente zur Unterstützung des Wandlungsprozesses

Werner Schröder

Folgender Artikel beschreibt einen weiterentwickelten Ansatz eines fertigungsnahen Managementkonzeptes zur Steigerung der Unternehmenswertschöpfung. Es wird dabei besonders auf den Einführungsprozess eines solchen Konzeptes eingegangen, wobei dem Management des Wandels eine wesentliche Bedeutung zukommt. Das dargestellte Vorgehensmodell soll als Handlungsanleitung dienen, um unter Zuhilfenahme eines situativ angepassten Methoden- und Instrumentenrahmens den Wandlungsprozess erfolgreich zu durchlaufen. Dargestelltes Fallbeispiel demonstriert die praktische Anwendung des neuen Konzeptes in einer Konzernstruktur mit weltweit verteilten Standorten.

1 Einleitung

Herausforderungen wie Kostenoptimierung, Erschließung neuer Märkte und damit verbundenes stetiges Wachstum veranlassen Unternehmen einen Blick nach Innen zu richten, um den Anforderungen immer komplexerer Kundenanforderungen, kürzerer Durchlaufzeiten, hoher Variantenvielfalt und ständiger Produktinnovationen gerecht zu werden. Aus diesen Anforderungen resultiert ein hoher Grad an Flexibilität, interner und externer Komplexität sowie Dynamik. Ganzheitliche Produktionsmanagementkonzepte können als ein Ansatz für die Beherrschung dieser Parameter herangezogen werden, um bei gleichzeitiger Fokussierung auf die wertschöpfenden Prozesse den Unternehmenserfolg langfristig zu sichern.[1]

2 Managementkonzepte zur Steigerung der Unternehmenswertschöpfung

Ganzheitliche Konzepte im Bereich des Produktionsmanagements haben vor allem in großen Unternehmen der Automobilbranche starken Eingang gefunden und sich immer mehr auf andere Industriezweige ausgebreitet. Sie bilden unternehmensspezifisch konfigurierte Systeme, die technische, personelle und organisatorische Methoden und Instrumente aufeinander abstimmen.

Mit diesen Ansätzen wird versucht, auf die neuen Gegebenheiten der Umwelt zu reagieren. In der betrieblichen Praxis werden häufig mehrere unterschiedliche Konzepte parallel eingesetzt, wobei Synergieeffekte meist den organisatorischen Dysfunktionen unterliegen. Um so entstehende Suboptima zu vermeiden, gilt es umfassende, integrative Konzepte anzustreben, welche den Anforderungen in Richtung einer ganzheitlichen Unternehmenswertschöpfung genügen. Der Umfang, den Managementkonzepte in einer Organisation abdecken, kann anhand des funktionalen und institutionalen Aspektes beschrieben werden.

---

[1] Vgl. Keßler, Uygun (2007), S. 67f

Der funktionale Aspekt stellt die Einheiten einer Organisation dar, in welcher das Konzept eingesetzt wird. Der institutionale Aspekt beschreibt die Hierarchieebenen, welche im Zentrum der Betrachtung stehen.

Managementsysteme dienen der Gestaltung, Lenkung und Entwicklung von Organisationseinheiten und stellen vor allem strukturelle Vorkehrungen dar, die der Komplexitätsbewältigung von Organisationen dienen.[2] In bestimmten Funktionen im Wertschöpfungsprozess kommen einerseits immer die Grundarten von Führungssystemen (Informations-, Planungsysteme, etc.) zur Anwendung, andererseits steht in einzelnen Funktionen häufig der Bezug zu bestimmten Arten von Ressourcen im Vordergrund, oder die Funktion selbst bezieht sich direkt und explizit auf eine bestimmte Ressourcenart. Managementsysteme dienen dazu, die Fähigkeit der Organisation zu erhöhen, neue Herausforderungen mit wachsender Kompetenz zu bewältigen und vielfältigen Anspruchsgruppen immer besser gerecht zu werden.

Moderne industrielle Produktionsbetriebe sind durch ihr oft breites und tiefes Erzeugnisspektrum, räumlich verteilte Standorte und einem Mix aus verwendeten Produktionstypen gekennzeichnet als ein komplexes Wirkungsgefüge, welches es zum besseren Verständnis notwendig macht, den Betrieb als System aufzufassen.[3] Neben der Unternehmung als Ganzes treten verschiedene Sub- bzw. Teilsysteme auf, welche sich mit den klassischen Funktionen wie Beschaffung und Absatz oder mit Querschnittsfunktionen wie der Instandhaltung, dem Qualitätsmanagement oder der Produktionslogistik beschäftigen. Um eine integrative Sichtweise der Betriebswirtschaftslehre zu fördern, sind Überschneidungen dieser Funktionen nicht nur unvermeidbar, sondern sogar häufig bewusst herbeigeführt.

Eine zunehmende Komplexität von Produkten und Produktionsprozessen, die Globalisierung von Angebot und Nachfrage, sowie neue Möglichkeiten der Informationstechnologie führen zu einer steigenden Vernetzung von Unternehmen hin bis zu den heutigen Wertschöpfungsstrukturen. Ziel einer Wertschöpfungsorientierung muss sein, die Ressourcen und wertschöpfenden Prozesse im Unternehmen so zu gestalten, dass sich konkrete Wettbewerbsvorteile erzielen lassen.[4] Dabei gilt es immer eine unternehmensindividuelle Produktionsfunktion zu erzeugen, die einen dauerhaften Wettbewerbsvorteil verspricht. Wildemann hat die Einzelbausteine eines Wertschöpfungsmanagement zu einem ganzheitlichen Managementkonzept gefügt. Die Grundprinzipien seiner Gestaltungsansätze sind:

- Ganzheitliche Betrachtung von Prozessen
- Orientierung am externen und internen Kunden
- Lernen von den Besten
- Reduktion der Komplexität
- Vermeidung von Verschwendung
- Beachtung des Faktors Zeit
- Kontinuierliche Verbesserungsprozesse
- Bereichsübergreifende Nutzung des im Unternehmen vorhandenen Wissens
- Schaffung von zusätzlichem Unternehmenswert

---

[2] Vgl. Zielowski, (2006), S. 119
[3] Vgl. Dyckhoff (2000), S. 4f
[4] Vgl. Albach (2002), S. 2

Diese Funktionen müssen als eine „querschnittsorientierte Grundhaltung zur zeiteffizienten kunden- und prozessorientierten Koordination von Wertschöpfungsaktivitäten" angesehen werden, wobei sich die Betrachtung über sämtliche Unternehmenseinheiten und Hierarchien erstreckt.

Eine schnelllernende Organisation wird angesichts des dynamischen Umfeldes und der sich ständig ändernden Rahmenbedingungen zum Schlüsselfaktor im Wettbewerb. Da kurzfristige und kurzsichtige organisatorische Veränderungen zu keinen dauerhaften Erfolgen führen, ist ein Denken in Quantensprüngen erforderlich, welches organisatorische Grundannahmen immer wieder hinterfragt und den Wandel antizipiert. Zu den wesentlichen Elementen einer lernenden Organisation zählen Freiräume in Organisationsstrukturen, sowie die Problemlösungskompetenz der Mitarbeiter. Unterstützt werden diese Elemente durch Visualisierung und Auditierung sowie ein permanentes Controlling. Organisatorische Lernprozesse sind nicht als sporadisch erkannte Verbesserungsmöglichkeiten anzusehen, sondern Folge eines systematischen Führungshandeln. Stringenz und Sensibilität sind dabei entscheidende Erfolgsfaktoren des Managements bei der Umsetzung einer schnell lernenden Organisation.

Ein umfassend verstandenes Wertschöpfungsmanagement verlangt nach Erfolgsvoraussetzungen die es ermöglichen, das Potential der Mitarbeiter vollständig zur Entfaltung zu bringen. Dazu zählen unter anderem eine durchgängige Orientierung an den Leitgedanken, Unternehmenswerten und Grundstrategien der Organisation, flexible Arbeitsstrukturen, Implementierung einer lernenden Organisation sowie die Nutzung moderner Informations- und Kommunikationstechnologien.[5]

3 Produktions- und Anlagennahe Managementkonzepte

Managementkonzepte verfolgen generell den Zweck, Ordnung in die Vielfalt von Ideen, Absichten und Methoden zu bringen, die in einem Unternehmensbereich gelten bzw. angewendet werden sollen.[6] Das in diesem Artikel vorgestellte produktionsnahe Managementkonzept *Total Productive Manufacturing* dient dazu, alle Instrumente und Methoden im fertigungsnahen Bereich aufeinander abzustimmen, um so ein koordiniertes Handeln, der Produktionsprozesse und deren Querschnittsfunktionen sicherzustellen, Verschwendung zu vermeiden, um so die Wertschöpfung zu erhöhen.

3.1 Die Lean-Management Philosophie

Das hierarchische Strukturmodell der Lean-Management Philosophie kann in Anlehnung an den Ordnungsrahmen des St. Galler Management-Konzeptes interpretiert werden, welches drei Ebenen repräsentiert. Die des normativen, strategischen und operativen Managements. Die oberste Ebene bringt die generellen Werte, Prinzipien, Leitgedanken zum Ausdruck, welche Sinn und Identität des Unternehmens vermitteln. Das strategische Management ist auf den Aufbau, die Pflege und die Ausbeutung von Erfolgspotentialen gerichtet, für die Ressourcen eingesetzt werden müssen. Ihre Umsetzung finden die beiden Ebenen im operativen Vollzug, der auf die wertschöpfenden Prozesse ausgerichtet ist. Zum Aspekt der wirtschaftlichen Effizienz tritt in der operativen Ebene die Effektivität des Mitarbeiter-

---

[5] Vgl. Albach (2002), S. 5ff
[6] Vgl. Ulrich (2001), S. 85

verhaltens im sozialen Kontext. Nur durch Kooperation sowie vertikale als auch horizontale Kommunikation lassen sich die normativen und strategischen Vorgaben vollziehend in Operationen, die sich an Fähigkeiten und Ressourcen ausrichten, umsetzten.[7]

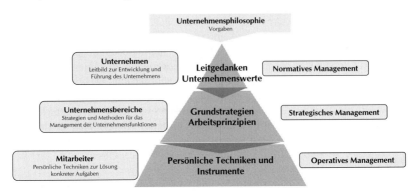

Abb. 1: Modell der Lean-Management Philosophie[8]

3.2 Leitgedanken zur Entwicklung und Führung des Unternehmens

Die Leitgedanken zur Entwicklung und Führung des Unternehmens lassen sich vor allem durch bestimmte Denkweisen zum Ausdruck bringen. Die normativen Vorgaben einer wertschöpfenden Unternehmensphilosophie beinhalten *poaktives Denken*, bei dem agieren statt reagieren, sowie eine Prozess- anstatt einer Ergebnisorientierung im Vordergrund stehen. Ein *sensitives Denken* soll zu mehr Informationsoffenheit gegenüber den Stakeholdern führen und Gefühle sowie Stimmungen neben Fakten als Entscheidungsfaktoren zulassen und akzeptieren. Durch ein *ganzheitliches Denken* soll der Wert der eigenen Handlung in einem Wertschöpfungsumfeld bewusst werden, wobei der Nutzen für das Gesamtsystem Transparenz erlangen muss. Die Eigendynamik von Prozessen, welche durch komplexe Systeme hervorgerufen wird, muss versucht werden durch Netzwerke anstatt dualer Beziehungen zu kontrollieren. Die Erschließung aller zur Verfügung stehender Ressourcen und die damit verbundene Aufhebung der Trennung von Denken und Arbeiten muss durch Hebung noch nicht ausgeschöpfter Potentiale (*Potentialdenken*) erreicht werden. Es gilt Fehlleistungen bzw. Verschwendung aller Art zu eliminieren (*Ökonomisches Denken*) und gleichgerichtete Interessen zu schaffen, die sich strikt am Wertschöpfungsprozess orientieren.

3.3 Grundstrategien und Arbeitsprinzipien für das Management der Unternehmensfunktionen

Die *Lean-Management Philosophie* verfolgt bestimmte, konzernweit gültige Grundstrategien für die Funktionen aller Unternehmensbereiche. Dazu gehört u.a. eine kundenorientierte, schlanke Fertigung, ein sogenanntes *Total Productive Manufacturing*. Auf diesen Ansatz wird folgend (siehe Kap. 4) näher eingegangen. Weiters soll mit *Total Quality Management* die Unternehmensqualität in allen Bereichen umgesetzt werden. Die schnelle,

---
[7] Vgl. Bleicher (1996), S. 73ff
[8] Vgl. Bösenberg (1993) und Bleicher (1996)

sichere Entwicklung und Einführung neuer Produkte wird durch *Simultaneous Engineering* sichergestellt. Strategischer Kapitaleinsatz ermöglicht Wachstum und Eroberungsfähigkeit.

In nachstehender Auflistung (Tab. 1) sind nun Arbeitsprinzipien und Methoden dargestellt, welche oben beschriebene Grundstrategien unterstützen.

Tab. 1: Arbeitsprinzipien und Methoden des Managements

Gruppe, Team	Ganzheitliches Denken, Problemerkennen, Problemlösen
Eigenverantwortung	Steigerung der Motivation und Leistungsbereitschaft vom Ausführenden zum internen Lieferanten
Feedback	Vergleich der Wirkung mit der Absicht steuert das eigene Handeln zum Erfolg
Kundenorientierung	Alle Aktivitäten primär auf den Kunden (intern und extern) ausgerichtet
Wertschöpfung hat Priorität	Die besten Leute an Prozesse mit der höchsten Wertschöpfung
Standardisierung	Als Standard das Beste und nicht den kleinsten gemeinsamen Nenner
Ständige Verbesserung	Es gibt keine endgültigen Ziele – nur Schritte in eine Richtung
Sofortige Fehlerabstellung an der Wurzel	Fehler beseitigen – nicht die Symptome; 5x WARUM
Vorausdenken, Vorausplanen	Qualität ist kein Zufall, sondern das Ergebnis vorausgegangener Planung
Kleine, beherrschte Schritte	Motivation durch ständigen Fortschritt

4 Total Productive Manufacturing (TPM II) – Ein erweiterter Ansatz einer integrierten Produktion

Generell ist in der Diskussion der Managementansätze und des Managementinstrumentariums ein Wandel festzustellen. Unternehmen und damit auch Teil- und Aufgabenbereiche, wie die Produktion und ihre unterstützenden Funktionen, müssen sich ständig auf wechselnde Umweltbedingungen einstellen, indem interne Managementmodelle und Koordinationsinstrumente, wie z.B. Aufbau- und Ablauforganisationen ständig weiterentwickelt und angepasst werden.

Total Productive Manufacturing (*TPM II*) stellt einen erweiterten Ansatz des klassischen *Total Productive Maintenance* Konzeptes dar, wie es Nakajima[9], Al-Radhi[10] oder Hartmann[11] umfassend beschreiben, und hat die Maximierung der Effektivität der Produktionsabläufe verbunden mit einem effizienten Einsatz der Ressourcen zum Ziel. Bei *TPM II* geht es somit im Kern um eine „wirtschaftlich" umgesetzte Produktion. Wirtschaftlich bedeutet beispielsweise, dass die Produktionsprozesse möglichst störungsfrei ablaufen, dass fehlerfreie Produkte hergestellt werden, dass die zur Verfügung stehende Zeit optimal genutzt wird und dass die vorhandenen Verlustquellen des Produktionssystems minimiert werden.

---

[9] Siehe dazu umfassend Nakajima (1995)
[10] Siehe dazu umfassend Al-Radhi (1995)
[11] Siehe dazu umfassend Hartmann (2001)

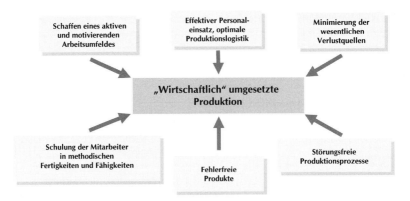

Abb. 2: Konzept für eine integrierte und wirtschaftliche Produktion[12]

Diese Zielsetzungen können nur dann realisiert werden, wenn alle Abteilungen und Ebenen des Unternehmens miteinbezogen werden. Im Zentrum der TPM-Aktivitäten steht somit die Überwindung der organisatorischen Trennung zwischen der Produktion und ihrer unterstützenden Funktionsbereiche, wie beispielsweise Instandhaltung, Qualitätsmanagement und der Produktionslogistik. Hierbei wird jedoch nicht die vollständige Integration dieser Funktionen in die Produktion angestrebt, sondern es sollen nur dann Teilaufgaben der unterstützenden Funktionsbereiche von den Produktionsmitarbeitern übernommen werden, wenn dadurch eine Verbesserung der Produktionsabläufe erreicht wird.

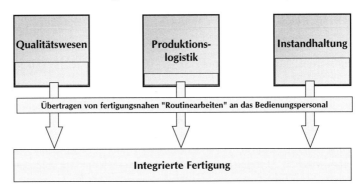

Abb. 3: Veränderte Aufgaben durch Zusammenarbeit[13]

4.1 Handlungsfelder einer integrierten Produktion

Ein effizientes und effektives Produktionsmanagement ist nur dann möglich, wenn man sich bei der Ausgestaltung an übergeordneten Prinzipen orientieren kann. Diese Grundprinzipien finden sich in den Leitbildern (Normative Ebene) des Lean-Managements, dessen Philosophie den Orientierungsrahmen darstellt (siehe Kap. 3.1).[14]

---

[12] Quelle: Eigene Darstellung
[13] Quelle: Eigene Darstellung
[14] Vgl. Baumgartner et al. (2006), S. 35

Zur Realisierung einer solchen integrierten Produktion ist eine ganzheitliche Sichtweise notwendig, d.h. es müssen bei der Umsetzung des *TPM II-Konzeptes* die Aspekte, Strategie, Organisation, Mitarbeiter und Information (siehe Kap. 5.2) ausgewogen berücksichtigt werden.

"Excellence im Produktionsmanagement"

Strategische Betrachtung
- Innovationen, kontinuierliche Verbesserung und Fehlerfreiheit im Fokus
- Integration qualitätsorientierter Ziele, Fokus auf Qualitätssicherung bei Produkt, Prozess und System
- Koordination des Auftragsdurchlaufes durch detaillierte Planung einzelner Bereiche, Engpassplanung

Organisatorische Betrachtung
- Überprüfung des Erfolges organisatorischer Einheiten auf der Basis von Kennzahlen
- Erweiterte Konzepte (Job-Enlargement, -Enrichment, -Rotation)
- Systematische Schwächenanalyse der Abläufe, Umsetzung des Fliessprinzips
- Funktionsübergreifende Aktivitäten, alle Mitarbeiter sind für Qualität zuständig

Wandel in der MA-Kultur
- Umfangreiche Qualifikationsaktivitäten auf fachlicher, methodischer und sozialer Ebene
- Unternehmenskulturelle Aspekte werden in den Managementaktivitäten berücksichtigt
- Mensch als wichtigster Produktionsfaktor stellt die Problemlösungskapazität bereit

Information als entscheidendes (ergänzendes) Koordinationsinstrument
- Einsatz von Kennzahlen die sich am Zielsystem des Unternehmens orientieren
- Informationstechnologie zur Verbesserung der Wettbewerbsposition durch Integration ganzer Leistungsprozesse

Abb. 4: Handlungsfelder bei der Einführung einer integrierten Produktion[15]

Bei dieser ganzheitlichen Sichtweise steht vor allem der Wandel der Mitarbeiterkultur im Mittelpunkt der Überlegungen, da zur Verwirklichung des *TPM II-Konzeptes* ein gesteigertes Verantwortungsbewusstsein der Mitarbeiter bezüglich der Optimierung der Produktionsabläufe erforderlich ist. Der hierzu notwendige Kulturwandel muss durch den Einsatz von geeigneten Managementmethoden unterstützt werden, wie beispielsweise unternehmensspezifisch ausgestaltete Kennzahlensysteme, Koordinationsmaßnahmen, funktionsübergreifende Teams, Schulungen, etc. Wird TPM in dieser Weise im Unternehmen umgesetzt, so kann ein optimales Excellence-Niveau im Produktionsbereich sichergestellt und damit die Wettbewerbsfähigkeit des Unternehmens insgesamt verbessert werden.

5 Management des Wandels – Der Weg zu *Total Productive Manufacturing*

Die Perspektive des Wandlungsmanagements (Change Management) sieht vor allem die Umsetzung einer geplanten Veränderung als kritisch. Dementsprechend beschäftigen sich Ansätze des Change Managements mit der Aufgabe, die von der Unternehmensführung beabsichtigten Veränderungen erfolgreich umzusetzen. Mit dem Ziel, Mitarbeiter aller

---

[15] Quelle: Eigene Darstellung.

Unternehmensebenen für den Wandel zu motivieren, werden Methoden der Sozialtechnologien angewandt, die vor allem auf die Unternehmenskultur, die Unternehmensführung und Wandlungskompetenz der Mitarbeiter und Führungskräfte abzielen.[16] Um die Notwendigkeit des Wandlungsvorhabens zu unterstreichen und dieses erfolgreich in alle Organisationsebenen zu transportieren gilt es, frühzeitig effiziente Kommunikationsbeziehungen aufzubauen. Langfristiges Ziel ist die Schaffung einer im organisationskulturellen Sinne veränderungs- und lernfähigen Organisation.

5.1 Kernaspekte eines erfolgreichen Wandels

Die Grundvoraussetzung für eine langfristige unternehmerische Existenzsicherung ist, dass sich ein Unternehmen zukunftsorientiert weiterentwickelt. Die Kernaspekte einer erfolgreichen Wandlung eines Produktionsmanagementsystems lassen sich wie folgt darstellen:

- *Aktive Teilnahme der Führungskräfte am Veränderungsgeschehen:* Ohne nachhaltige Unterstützung der Führungskräfte kann kein Wandlungsvorhaben erfolgen. Das ist einer der gesichertsten Befunde der Wandlungstheorie überhaupt. Topmanager dürfen folglich den Wandel nicht vollständig den Spezialisten oder externen Beratern überlassen, sondern müssen sich selbst zu Promotoren der Veränderung machen – Wandel als Führungsaufgabe.

- *Aktives Einbeziehen der Mitarbeiter:* Das Wandlungsvorhaben wird nur dann längerfristig umsetzbar sein, wenn ein Großteil der Mitarbeiter mit persönlicher Überzeugung die sich aus dem Change-Prozess ergebenen Arbeitsaufgaben selbständig und eigenverantwortliche umsetzten.

- *Wandlungsprozess vollzieht sich zyklisch:* Der Wandel beinhaltet erstens eine Auflockerungsphase, in der die Bereitschaft zum Wandel erzeugt wird, zweitens den eigentlichen Wandel und drittens eine Beruhigungsphase, in der der vollzogene Wandel stabilisiert wird – Auftauen, Bewegen, Stabilisieren.

5.2 Veränderungsfaktoren in Wandlungsprozessen

Für eine erfolgreiche Gestaltung von Veränderungsprozessen ist es wichtig, das System und seine Umgebung umfassend zu betrachten. Verfolgen Veränderungsprozesse oft unterschiedliche Ziele, so bleiben die zu berücksichtigenden Veränderungsfaktoren immer gleich. Die Aspekte von Produktionsmanagementkonzepten in Richtung *Manufacturing Excellence* bzw. *Total Productive Manufacturing* lassen sich in Anlehnung an Kostka[17] wie folgt darstellen.

---

[16] Vgl. Gerst et al. (2006) S.24
[17] Vgl. Kostka (2006), S. 20

Abb. 5: Veränderungsfaktoren in Wandlungsprozessen[18]

Auch sieht Krüger[19] ähnliche Faktoren die für die Wandlungsfähigkeit von Systemen ausschlaggebend sind. Es werden hier Strategie, Strukturen und Prozesse, Systeme, Realisierungspotential, Philosophie und Kultur sowie deren Träger als wesentlich genannt.

Der Faktor *Strategie* sieht eine strategische Ausrichtung der Fertigung im Sinne der globalen Zielvorgaben und Leitgedanken der *Lean-Management Philosophie* vor. Dabei gilt es Unternehmenswerte in Grundstrategien und Arbeitsprinzipien des Produktionsmanagements herunterzubrechen und umzusetzen.

Der *organisatorische (strukturbasierte) Aspekt* sorgt dafür, dass die in den wertschöpfenden Prozessen und ihrer unterstützenden Querschnittsfunktionen erbrachten Leistungen koordiniert und in einer effektiven Weise in ein ganzes System integriert werden.[20]

Ein wesentlicher Faktor ist jener des *Mitarbeiters* als *Träger der Unternehmenskultur* im jeweiligen Produktionssystem. Bedeutung gewinnt dieser insbesondere in Hinblick auf die Ausgestaltung einer lernenden Organisation. Gemeinsame Werte, Normen und Einstellungen ermöglichen ein zielkonformes Handeln und reduzieren den Koordinationsbedarf durch strukturelle Vorgaben.[21]

Die Qualität der Aufgabenerfüllung ist maßgeblich von der zur Verfügung stehenden Information abhängig. Der *daten- bzw. informationsbasierende Aspekt* soll sicherstellen, dass die benötigten Informationen zur richtigen Zeit am richtigen Ort in entsprechender Quantität und Qualität zur Verfügung stehen.[22]

Die *Koordination* (interne Koordination) versucht die bestehenden Abhängigkeiten innerhalb des Produktionssystems zu steuern. Da Koordination die kosten- und zeitaufwändig ist, gilt es hier ein wirtschaftliches Optimum aus Koordinations- und Kontrollaufwand zu Koordinationsleistung zu finden. Unter diesem Gesichtspunkt gibt es zwei unterschiedliche Ansätze den internen Koordinationsaufwand zu steuern.

Der erste Ansatz versucht den Bedarf an interner Koordination durch Abbau von Beziehungen zu reduzieren. Dieser Ansatz der Komplexitätsreduktion wird häufig versucht

---

[18] Quelle: In Anlehnung an Mayrshofer (1999)
[19] Vgl. Krüger (2006), S. 157f.
[20] Vgl. Biedermann (2006), S. 14
[21] Vgl. Biedermann (2006), S. 14f.
[22] Vgl. Baumgartner, et al, (2006), S. 95

durch umfassende Reorganisationsmaßnahmen der Unternehmens- (Produktions-) bereiche zu erreichen. Im zweiten Ansatz wird der noch verbleibende Koordinationsbedarf durch den Einsatz geeigneter Instrumente gedeckt[23].

Die besondere Hersausforderung des Change Managements ist es, alle Faktoren zu berücksichtigen, um durch den Einsatz verschiedener Methoden eine Produktivitäts- bzw. Wertschöpfungssteigerung zu erreichen.

5.3 Implementierungsbarrieren produktionsnaher Managementkonzepte

Viele Implementierungsvorhaben von Managementkonzepten scheitern schon in sehr frühen Stadien an unterschiedlichsten Widerständen. Vor allem dem Konservativismus[24] in organisatorischen und unternehmenskulturellen Gesichtspunkten gilt es von Beginn an mit geeigneten Methoden entgegenzutreten.

Implementierungsbarrieren unternehmenskulturellen und organisatorischen Ursprungs:

- *Top Management:* Mangelnde Unterstützung der Bekennung zu neuen Konzepten, Ermüdungserscheinungen im Wandlungsprozess bei Führungskräften.
- *Mittleres Management:* Starke Opposition wegen der Wahrnehmung des Verlustes von Einfluss, Rollenprobleme im Wandlungsprozess, wichtige Antreiber des Wandels verlassen die Firma.
- *Mitarbeiter:* Mangelnde Kenntnisse und eingeschränktes Verständnis, mangelhafte Teamfähigkeit, die mit dem Wandel verbundene Ungewissheit.
- *Organisation:* Traditionelle Denk- und Arbeitsstrukturen, schablonenhafte Konzeptgestaltung, zu hohe Geschwindigkeit bei der Einführung, Hierarchie- anstatt Prozessdenken, Konsolidierung des Wandels misslingt.

5.4 Veränderungsphasen des Wandlungsprozesses

Um Widerstände von vornherein zu vermeiden und Barrieren zu umgehen, ist die Implementierung von Konzepten nach einem bestimmten Ablaufschema zu gestalten. Der sogenannte Transformationsprozess bildet den eigentlichen Kern des Wandlungsmanagements, in dessen Mittelpunkt vor allem die geeignete Gestaltung der Schrittfolge sowie die unterstützenden Methoden und Instrumente stehen. Ziel ist es dabei das Konzept des *Total Productive Manufacturing* mit dem vorhandenen Kontext in Einklang zu bringen.[25] Den Kern des Wandlungsvorhabens bildet die Gestaltung der erforderlichen Prozessschritte:[26]

1. Bewusstsein für Veränderungsbedarf schaffen: Um den Veränderungsbedarf bewusst zu machen, bedarf es Zahlen, Daten, Fakten und Stimmung, wodurch vorhandene Potentiale aufgedeckt werden, sodass ein Problembewusstsein für die Dringlichkeit einer Veränderung geweckt wird.

---

[23] Vgl. Baumgartner, et al., (2006), S. 63f.
[24] Konservativismus ist der Ausdruck einer Grundhaltung, die gegenüber dem Wandel das Bedürfnis nach Kontinuität, Identität und Sicherheit zur Geltung bringt (siehe Brockhaus).
[25] Vgl. Baumgartner, et al., (2006), S. 121
[26] Vgl. Kostka (2006), S. 23ff.

2. Führungsteam für Veränderungsprozess installieren: Da es schwierig ist, einen tiefgreifenden Wandel zu realisieren, ist es notwendig, eine Gruppe von Führungspersönlichkeiten zusammenzustellen, die genügend Überzeugung, Sachkenntnis und Macht haben, um den Veränderungsprozess zu forcieren und zu steuern.

3. Philosophie entwickeln und kommunizieren: Mit einer effektiven Philosophie werden den Mitarbeitern Richtung und Sinn der Veränderung transparent gemacht. Um die Vertrautheit mit neuen Leitbildern aufzubauen, gilt es diese entsprechend zu kommunizieren. Führungskräfte haben hier eine Vorbildfunktion und entscheiden besonders in dieser Phase über Erfolg und Scheitern des neuen Konzeptes.

4. Kurzfristige Erfolge planen und erzielen: Erfolge rechtfertigen in erheblichem Maße die mit dem Wandel verbundenen Kosten. Sie belohnen Vermittler des Wandels mit Anerkennung und schalten Zyniker und eigennützige Gegner aus. Weiters vermitteln sie der Führungskoalition wichtige Daten über die Durchsetzbarkeit ihrer Vorstellungen.

5. Mitarbeiter mobilisieren und Veränderungen umsetzen: Die Mobilisierung von Mitarbeitern setzt eine umfassende Qualifizierung in fachlicher, methodischer und sozialer Hinsicht voraus. Durch die Notwendigkeit der Übertragung von Entscheidungskompetenzen muss auch der Wandel des Führungsstiles in eine eher kooperative Führungskultur erfolgen. Geplante Maßnahmenprogramme helfen die Veränderungen schrittweise umzusetzen, wobei jede Verschiebung bzw. Nichteinhaltung von geplanten Veränderungen offen kommuniziert und kommentiert werden muss. Da aus kapazitiven Gründen nicht alle Probleme gleichzeitig gelöst werden können, sind Prioritäten unter den verschiedenen Teilprojekten zu bilden. Dies führt folglich zu einer Unterscheidung in Basis- und Folgeprojekte.

6. Veränderung konsolidieren und weiter vorantreiben: Die in den Stufen 4 und 5 initiierten Programme werden zunächst als Projekt gestartet, müssen dann aber in die tägliche Routinearbeit integriert werden. Wandlungsergebnisse werden in der Organisation verankert und die notwendige Wandlungsbereitschaft und -fähigkeit werden gesichert. Weiters gilt es den Wandelerfolg zu überwachen und gegebenenfalls Korrekturmaßnahmen einzuleiten. Die Transparenz soll dabei durch ein geeignetes Controllingsystem (Berichtswesen, Kennzahlensystem) sichergestellt werden. Auf Basis der Controlling-Aktivitäten gilt es den weiteren Wandlungsbedarf zu ermitteln. Der Wandel muss zum Dauerthema werden.

7. Veränderung in der Unternehmenskultur verankern: Die Veränderung der Unternehmenskultur ist immer der letzte Schritt in einem Veränderungsprozess, da Kulturänderungen nur möglich sind, wenn neue Handlungsweisen über einen längern Zeitraum ausgeübt werden. Dabei muss für den Mitarbeiter in diesem Zeitraum ein Nutzen erkennbar sein und alle Beteiligten müssen erkennen, dass der Nutzen mit der neuen Handlungsweise verknüpft ist. Erfolgt keine Verankerung in der Unternehmenskultur, besteht die Gefahr das alte Verhaltensweisen schleichend wieder auftauchen.

Wandlungsmanagement in produktionsnaher Umgebung bedeutet vor allem, die Mitarbeiter zu befähigen, zu ermutigen und zu ermächtigen Veränderungsprozesse proaktiv zu gestalten, Kreativität in Teams zu entfalten und bereichübergreifend zusammenzuarbeiten. Die Realisierung dieser Aufgabe stellt eine große Herausforderung für die Führungskräfte dar.

Dieser Wandlungs-Zyklus ist aus der Literatur (Kotter, Kostka[27]) abgeleitet und grundsätzlich allgemeingültig. Folglich gilt es diesen auf die Eigenheiten von Produktionsbetrieben anzupassen. Aus diesem Anpassungsschritt resultiert ein spezifischer Ansatz in nachfolgend dargestelltem Modell.

5.5 Das TPM Wandlungsmodell

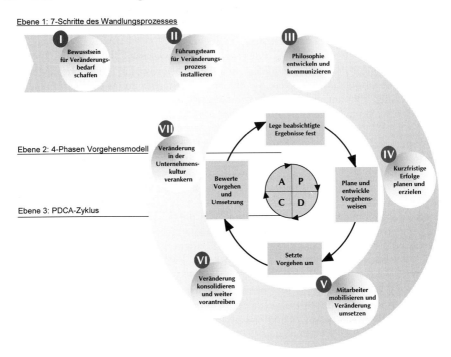

Abb. 6: TPM-Wandlungsmodell[28]

Der beschriebene 7-Schritte Veränderungsprozess (Kap. 5.4) in Ebene 1 umgibt ein 4 Phasen Vorgehensmodell, welches parallel ab dem Schritt 3 der Ebene 1 konkrete Methoden und Instrumente für die Einführung des Managementkonzeptes *Total Productive Manufacturing* beinhaltet. Im Kern des Modells steht der *PDCA-Zyklus* als Instrument einer kontinuierlichen Verbesserungsphilosophie.

Planmäßige, mittel- bis langfristig-wirksame Veränderungen von Verhaltensmustern (Change-Management) können nur durch eine lernende Organisation, sprich einer Mitarbeiterentwicklung insbesondere in Problemlösungs- und Teamfähigkeitskompetenzen, sowie einer Mitarbeiteraktivierung, erreicht werden. Ständige Verbesserung muss dabei im Mittelpunkt stehen, um eine kontinuierliche Qualitäts- und Produktivitätssteigerung zu erreichen.

---

[27] Siehe dazu umfassend Kotter (1997) und Kostka (2006)
[28] Quelle: Eigene Darstellung

6 Instrumentelle Unterstützung des Wandlungsprozesses im 4-Phasen-Vorgehenskonzept

In diesem Kapitel soll das 4-Phasen-Vorgehenskonzept (Abb. 7) mit seiner instrumentellen Unterstützung für den erfolgreichen Wandlungsprozess näher erläutert werden.

In *Phase 1* wird mit Hilfe eines Assessment-Werkzeuges der Reifegrad bzw. die Ausprägung des einzuführenden produktionsnahen Managementkonzeptes festgestellt. Diese Bewertung gilt als wesentlicher Schritt im Wandlungsprozess. Das Assessmenttool hilft nicht nur den Momentanzustand des betrachteten Systems abzubilden, sondern dient auch dazu allen Beteiligten dieselbe Auffassung von Philosophie, Zielsystem und Sprache des neuen Konzeptes zu vermitteln.

Nach Feststellung des Ist-Zustandes und konsensueller Ableitung des Soll-Zustandes (siehe Kap. 6.1) gilt es in *Phase 2* den Weg zu den Zielen zu entwickeln. Eine Priorisierung von Schwerpunkten unter Berücksichtigung bereits begonnener Maßnahmen sowie die Fokussierung auf kurzfristige Erfolgspotentiale wird durchgeführt. Nach der Feststellung von Problemursachen wird ein Maßnahmenplan zur Verfolgung der Zielvorstellung erarbeitet. Moderations- (z.B. Ishikawa-Diagramm, Mind-Map), Lösungsfindungs- und Bewertungsinstrumente (z.B. Punktbewertung) werden dabei vorwiegend eingesetzt.

In *Phase 3* finden Umsetzung und Steuerung der zuvor festgelegten Maßnahmen statt. Komplexe Probleme werden dabei in überschaubare kleine Arbeitspakete zerlegt und konsequent abgearbeitet. Mit Unterstützung eines geeigneten Projektmanagements sind Erfolge leichter planbar und können somit belohnt werden. Zu beachten ist, dass ein Gefühl der Selbstzufriedenheit bei den Beteiligten besonders in der Anfangsphase nicht überhand nimmt. Ein wesentlicher Aspekt von *Phase 3* ist neben der Umsetzung auch die stetige Mitarbeiterentwicklung. Vor allem Schulungen von methodischen und sozialen Kompetenzen müssen den Wandlungsprozess begleiten. Des weiteren gilt es, ein situativ angepasstes, durchgängiges Kennzahlensystem zu entwickeln und zu implementieren, welches als Basis für die kontinuierliche Bewertung der Schlüsselprozesse herangezogen werden kann.

Eine Überprüfung und Beurteilung der Resultate erfolgt in *Phase 4*. Lernerfolge werden ausgewertet und zu Standards erhoben, sodass initiierte Programme in einem kontinuierlichen Verbesserungsprozess in tägliche Routinearbeit überfließen.

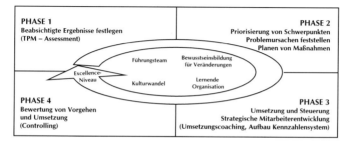

Abb. 7: 4-Phasen-Vorgehenskonzept[29]

---

[29] Quelle: Eigene Darstellung

6.1 TPM-Assessment als Instrument zur Implementierung von Total Productive Manufacturing

Das Instrument des TPM-Assessments dient in erster Linie dazu, den Ist-Zustand einer Organisationseinheit (Unternehmensstandort, Fertigungslinie, Produktionsbereich) hinsichtlich der Ausprägung der jeweils verfolgten Philosophie (in diesem Fall der des Lean-Managements) festzustellen, um in der Folge Maßnahmen ableiten zu können, die in Richtung eines „exzellent umgesetzten Produktionsmanagements" führen.

Weiters bietet die Bewertung einer Organisationseinheit mit dem TPM-Assessment-Tool folgende Vorteile:

- Bessere und schnellere Identifikation mit dem neuen Konzept für alle am Wandlungsprozess Beteiligten.
- Gemeinsame, einheitliche Sprache bzgl. der neuen Inhalte und Leitbilder.
- Systematische, auf strukturierten Interviews (Außensicht) basierende Bewertung der Organisationseinheit und deren Handlungsfelder, die dann mit der im Konsens vermittelten Innensicht zu einem Ist-Zustand zusammengeführt wird.
- Konsensbildung bei der Zielableitung (Soll-Zustand), in der sich die Leitbilder der Organisationseinheit widerspiegeln.
- Anstoß zu strukturierten und geplanten Verbesserungsaktivitäten
- Stärken und Schwächen sichtbar machen, um daraus Verbesserungspotentiale ableiten zu können.
- Über eine bestimmte Zeitspanne zu verwendendes Controllinginstrument.

Der Aufbau des Instrumentariums wird zum besseren Verständnis folgend genauer beschrieben.

Die Struktur des Assessmentrasters stellt sich als mehrdimensionale Matrix dar, und sieht in ihrem Kern jene Gestaltungsfelder bzw. Veränderungsfaktoren die bei Wandlungsprozessen unbedingt zu berücksichtigen sind. (siehe Abb. 5). Die Aspekte Strategie, Organisation, Mitarbeiter/Kultur und Daten/Information bilden die erste Dimension.

Dimension 2 geht vom Grundgedanken des *Total Productive Manufacturing* aus, indem eine sinnvolle Übertragung von fertigungsnahen Routinearbeiten der Querschnittsfunktionen in den Fertigungsprozess im Fokus steht. Den Rahmen dieser Dimension bilden daher immer die Fertigung und die entsprechende Koordination als Managementfunktion. Je nach Ziel und Ausprägung des einzuführenden Managementkonzeptes werden dann die Querschnittsfunktionen unternehmensspezifisch situativ angepasst. Im konkreten nachfolgenden Beispiel wird ein Konzept verfolgt (*Total Productive Manufacturing*), welches darauf abzielt, verstärkt Aktivitäten der Funktionen, Instandhaltung, Qualitätswesen und Steuerung des Materialflusses in die Fertigung zu integrieren.

Die dritte Dimension bildet die Ausprägungsstufe der *Lean-Management Philosophie* in Richtung eines *Excellence-Niveaus* ab. Die Dimensionen 1 und 2 werden so auf einer 4-stufigen Ausprägungsskala dem jeweiligen Systemzustand entsprechend eingestuft. Das so erhaltene Profil der betrachteten Organisationseinheit kann als Basis für die weitere Vorgehensweise bei der Einführung produktionsnaher Managementkonzepte verwendet werden.

	Produktion				Querschnittsfkt. I				Querschnittsfkt. X				Koordination
	Strat.	Strukt.	Kultur	Daten	Strat.	Strukt.	Kultur	Daten	Strat.	Strukt.	Kultur	Daten	
4													
3													
2													
1													

Abb. 8: Schematische Darstellung der Assessmentmatrix[30]

7 Fallbeispiel: Einführung von *Total Productive Manufacturing* in einem Unternehmen der Grundstoffindustrie

In dem folgenden Fallbeispiel soll ausgehend von der unternehmensspezifischen Problemstellung die Einführung von *Total Productive Manufacturing* und in diesem Zusammenhang der situative Einsatz oben beschriebener Methoden und Instrumente dargestellt werden.

7.1 Ausgangssituation

Das Unternehmen konzentriert sich nach dem Verkauf der Dämmstoffsparte ausschließlich auf den Feuerfestbereich. Derzeit werden in 28 Werken in 13 Ländern pro Jahr ca. 1,7 Millionen Tonnen Feuerfestprodukte erzeugt. In den nächsten Jahren ist ein weiterer Ausbau der Feuerfestaktivitäten geplant. Dies soll sowohl durch Akquisitionen als auch durch organisches Wachstum erfolgen. Die Zielregionen sind dabei Märkte mit überdurchschnittlichem Wachstum bzw. Regionen in denen der Marktanteil noch unterdurchschnittlich ist. Der Bereich *Operations* (Werke, Technik, Technologie) ist gefordert, einerseits den Akquisitionsprozess zu unterstützen und andererseits die bestehenden Werke auf die zukünftigen Anforderungen vorzubereiten. Das Projekt *„Excellence im Produktionsmanagement"*, welches im Dezember 2005 gestartet wurde, hat zum Ziel, die Organisation der Werke noch schlanker und stärker prozessorientiert zu gestalten. Gleichzeitig sollen die daraus freiwerdenden Ressourcen dazu genützt werden, das Wachstum durch höhere Produktionsmengen weiter voranzutreiben.[31] Für eine nachhaltige Entwicklung des Unternehmesn ist es von großer Bedeutung, auf diese Herausforderungen in einer vernetzten, globalen Organisation mit flexiblen und eigenverantwortlichen Mitarbeitern zu reagieren. Produktivitätsverbesserungen durch stärkere Integration von Produktions- und Servicefunktionen sind die Konzeptziele.

Erster Schritt war eine Reorganisation der Unternehmensstrukturen hin zu einer prozessorientierten Sichtweise. Diese Umstrukturierung in lokale, regionale und globale Prozessebenen brachte auch in den einzelnen Produktionsstandorten organisatorische Änderungen der Produktionsbereiche mit sich. Der Wertschöpfungsprozess „Fertigung von Feuerfestprodukten" wurde konzernweit in Fertigungslinien gliedert, in denen eine stärkere Integration der Querschnittsfunktionen Instandhaltung, Qualitätsmanagement und Produktions-

---

[30] Quelle: Eigene Darstellung
[31] Vgl. Gruber (2006)

logistik in die Fertigung nach oben beschriebener Philosophie verfolgt wird. Dabei gilt es vor allem bereits vorhandene Konzepte aus Instandhaltung, Qualitätswesen etc. mitzuberücksichtigen und in ein gemeinsames Modell zu gießen.

7.2 Vorgehensweise

Die Vorgehensweise entspricht dem in Kap. 5.4 bzw. Kap. 5.5 beschriebenen Wandlungsmodell. Nachfolgend soll vor allem auf die unternehmensspezifische Situation eingegangen werden.

"Excellence im Produktionsmanagement"	
Organisationsebene	Konzern
Projektmanagement	Kernteam
Aufgabe	Beurteilung der Situation: Wo stehen wir? Welche Potentiale gibt es? Wohin wollen wir uns verändern? Führungsteam für Veränderungsprozess installieren: Persönlichkeiten die den Veränderungsprozess steuern. Philosophie entwickeln: Unternehmensphilosophie
Ergebnisse	Leitgedanken und Unternehmenswerte sowie Grundstrategien und Arbeitsprinzipen in Anlehnung an eine Lean-Management-Philosophie Speziell für fertigungsnahe Bereiche: Soll-Profil 2010

Unternehmesnphilosophie:
Konzernweit gültige Grundstrategie für die Funktionen aller Unternehmensbereiche

TPM – Total Productive Manufacturing	
Organisationsebene	Fertigungsnahe Bereiche (Fertigungslinien) der Produktionsstandorte
Projektmanagement	CC-TPM (Competence-Center Total Productive Manufacturing)
Aufgabe	Philosophie auf fertigungsnahe Umgebung herunterbrechen und in die Werke tragen. Vorgehen planen und kommunizieren Mitarbeiter mobilisieren und Veränderung umsetzten
Ergebnisse	Feststellung der Ist-Situation in allen Produktionsstandorten Ableitung von Einjahreszielen in Richtung Profil 2010 Maßnahmenplan zur Unterstützung der Umsetzung

Abb. 9: Umsetzung der Unternehmensphilosophie in produktionsnahen Bereichen

Das auf Konzernebene agierende Kernteam ist für die Entwicklung der Philosophie in Anlehnung an die gesetzten Ziele verantwortlich. Mit Hilfe der Assessmentmatrix wurde konzernweit ein *Soll-Profil 2010*[32] festgelegt, welches die Philosophie des Unternehmens widerspiegelt und für alle Produktionsstandorte eine richtungweisende Zielvorgabe darstellt. Die so geschaffenen unternehmensweit gültigen Leitgedanken, Unternehmenswerte, Grundstrategien und Arbeitsprinzipien gilt es nun in alle Unternehmensbereiche zu transferieren. Für die fertigungsnahen Bereiche kam dabei das Konzept *Total Productive Manufacturing* (siehe Kap. 4) zum Einsatz. Das eingerichtete *TPM Competence-Center* hat die Aufgabe die entwickelte Philosophie in die Fertigungslinien der einzelnen Produktionsstandorte zu tragen und deren Entwicklung in Richtung *Soll-Profil 2010* voranzutreiben.

---

[32] Soll-Profil 2010: Ist eine im Kernteam, in Anlehnung an die Unternehmensphilosophie festgelegte, konzernweit gültige Zielvorgabe, die in der Assessmentmatrix als Soll-Zustand 2010 beschrieben wird und allen Produktionsstandorten als mittel- bis langfristiger Orientierungsrahmen dient.

Zu Beginn stehen dabei Aktivitäten zur Analyse des Produktionsmanagement in den einzelnen Standorten. Mit Hilfe des Assessment-Tools wird eine Ist-Analyse bezüglich der Ausprägung bzw. des Reifegrades der Organisationseinheit Produktionsstandort hinsichtlich des zu verwirklichenden TPM-Konzeptes durchgeführt. Dieser im Konsens gebildete Ist-Zustand ist Ausgangspunkt für die Ableitung eines Soll-Profils (Einjahresziele), welches sich an die Unternehmensphilosophie bzw. an das *Soll-Profil 2010* schrittweise annähert. Die Ableitung konkreter Maßnahmen zur Schließung der Lücke zwischen Ist- und Soll-Zustand und deren konzernweite Koordinations- und Controllingmaßnahmen sind weitere wesentliche Aufgabenfelder des *Competenc-Centers „Total Productive Manufacturing"*.

Abschießend eine zusammenfassende Beschreibung des TPM-Wandlungsmodells in der spezifischen Anwendung des Fallgebers:

1. **Bewusstsein für dringende Veränderungen schaffen**
   Bewertung der Situation: Wo stehen wir, welche Potential gibt es? Wohin wollen wir uns verändern?
   → *Start „Excellence im Produktionsmanagement"*
2. **Führungsteam für Veränderungsprozess installieren**
   Führungspersönlichkeiten die den Veränderungsprozess forcieren und steuern.
   → *Kernteam → TPM-Team*
3. **Philosophie entwickeln und kommunizieren**
   Wie wird die *Unternehmensphilosophie* konzernweit optimal vermittelt?
   → *TPM-Assessment, Konsensworkshop*
4. **Kurzfristige Erfolge planen und erzielen**
   Ableiten von Schwerpunktproblemen.
   → *Schwerpunktpriorisierung, Maßnahmenplanung, Umsetzen*
5. **Mitarbeiter mobilisieren und Veränderung umsetzen**
   Den Mitarbeitern Instrumente und Methoden zur Verfügung stellen.
   → *Selbststeuerung Kennzahlen (Balanced Scorecard → TPP*
   → *Anlage/Arbeitsplatz)*
6. **Veränderung konsolidieren und weiter vorantreiben**
   Lebendiger Controlling-Prozess
   → *Ständiger KVP und Verbesserungen zu Standards machen*
7. **Veränderung in der Unternehmenskultur verankern**
   Streben nach situativen Excellence Niveau
   →*„Excellence im Produktionsmanagement"* verwirklichen

8 Zusammenfassung

Das in diesem Artikel vorgestellte Modell bzw. darin enthaltene Methoden und Instrumente, sollen als Handlungsanleitung dienen, um produktionsnahe Managementkonzepte erfolgreich in Fertigungsbereiche zu implementieren. Wesentlich dabei ist, dass es je nach Ausgangslage und Zielsetzung des betrachteten Systems zu einer situativen Anpassung des Methodensets kommen muss, um im Einführungsprozess erfolgreich zu sein. Der Wandlungsvorgang selbst, abgebildet im Wandlungsmodell, sowie die zu berücksichtigenden Veränderungsfaktoren bleiben jedoch stets dieselben. Das am Ende beschriebene Fallbeispiel zeigt die praktische Anwendung der vorgestellten Methoden und Werkzeuge bei der

Einführung von einem, situativ an die Konzernphilosophie angepassten, produktionsnahen Managementkonzept.

9 Literatur

- Albach, H., Kaluza, B., Kersten, W. (2002): Wertschöpfungsmanagement als Kernkompetenz. 1. Aufl., Wiesbaden: Gabler Verlag.
- Al-Radhi, M., Heuer, J. (1995): Total productive maintenance - Konzept, Umsetzung, Erfahrung. München, Wien: Hanser Verlag.
- Baumgartner, R., et. al. (2006): Generic Management. Wiesbaden: Deutscher Universitätsverlag.
- Biedermann, H. (2006): Die Koordinationsinstrumente des Generic Managementmodells zur Komplexitätsbeherrschung. In: Biedermann, H. (Hrsg.): Komplexitätsorientiertes Anlagenmanagement - Methoden, Konzepte und Lösungen für Produktion und Instandhaltung. Köln: TÜV Verlag.
- Bleicher, K. (1996): Das Konzept Integriertes Management. 4., rev. und erw. Aufl., Frankfurt/Main, New York: Campus Verlag.
- Bösenberg, D., Metzen, H. (1993): Lean Management - Vorsprung durch schlanke Konzepte. 3. Auflage. Aufl., Landsberg/Lech: Verlag Moderne Industrie.
- Dyckhoff, H. (2000): Grundzüge der Produktionswirtschaft. 3. Aufl., Berlin, Heidelberg, New York: Springer Verlag.
- Gerst, D., Kolakowski, M., Nyhuis, P. (2006): Erfolgreiches Change- und Innovationsmanagement. In: Industrie Management, Vol. 22, Nr. 6, S. 23-26.
- Gruber, I. (2006),: Erfolgreiche Zusammenarbeit WBW-RHI im Bereich Produktionsmanagement. In: WBW IN-FORM, Nr. 2, 2006, S. 8. Lehrstuhl für Wirtschafts- und Betriebswissenschaften der Montanuniversität Leoben (Hrsg.).
- Hartmann, E., H. (2001): TPM. 2. Aufl., Landsberg: mi, Verl. Moderne Industrie.
- Keßler, S., Uygun, Y. (2007): Ganzheitliche Produktionssysteme. In: Industrie Management, Vol. 23, Nr. 3, S. 67-70.
- Kieser, A., Hegele, C. (1998): Kommunikation im organisatorischen Wandel. Stuttgrat: Schäffer-Poeschel Verlag.
- Krüger, W., et al. (2006): Barrieren des Wandels erkennen und überwinden. In: zfo Zeitschrift Führung + Organisation, Vol. 75, Nr. 3, S. 156-162.
- Kostka, C., Mönch, A. (2006): Change Management - 7 Methode für die Gestaltung von Veränderungsprozessen. 3. Aufl., München, Wien: Hanser Verlag.
- Kotter, J.P. (1997): Chaos Wandel Führung - Leading Change. Düsseldorf: ECON. ISBN 3-430-15663-7.
- Mayrshofer, D., Kröger, H.: Prozesskompetenz in der Projektarbeit. Windmühle.
- Nakajima, S. (1995): Management der Produktionseinrichtungen - Total Productive Maintenance. Frankfurt/Main: Campus Verlag.
- Ulrich, Hans (2001): Systemorientiertes Management. Bern: Haupt.
- Zielowski, Christian (2006): Managementkonzepte aus der Sicht der Organisationskultur. Wiesbaden: Deutscher Universitäts-Verlag.

Auswahl und Einsatz von Instrumenten und Methoden in Entscheidungsprozessen am Beispiel einer Anlageninvestition

Theoretische Grundlagen und das Fallbeispiel einer Tiegelinvestition bei Böhler Edelstahl GmbH

Stephan Staber, Friedrich Koch

Sowohl aus der einschlägigen Literatur als auch aus den Erfahrungen in der Praxis lässt sich ableiten, dass schon die Auswahl von geeigneten Instrumenten und Methoden zur Unterstützung von Entscheidungsprozessen selbst ein wohlbekanntes Entscheidungsproblem ist. Der vorliegende Beitrag nimmt sich diesem Problem an und stellt zu beachtende Aspekte zur entscheidungsunterstützenden Instrumenten- und Methodenwahl vor. Ein wesentlicher Teil des präsentierten Konzeptes sind fünf Einflussdimensionen auf die Instrumenten- und Methodenwahl, aus denen in weiterer Folge Auswahlkriterien abgeleitet werden können. Darüber hinaus wird das Konzept anhand eines Fallbeispieles reflektiert. Das Fallbeispiel behandelt den Entscheidungsprozess einer Tiegelinvestition bei Böhler Edelstahl GmbH.

1 Einleitung

Einer der wesentlichen Grundprinzipien der Gestaltungsansätze des Wertschöpfungsmanagements ist die *Reduktion von Komplexität*. Dies stellt einen von vielen Einzelbausteinen dar, die verbunden das Wertschöpfungsmanagement zu einem ganzheitlichen Managementkonzept machen.[1] Diese Reduktion der Komplexität im Sinne von Wildemann oder die Beherrschung von Komplexität im Sinne von Malik[2] ist nicht nur im Kontext von Abläufen und Strukturen innerhalb eines Unternehmens relevant, sondern ganz besonders auch in Entscheidungsprozessen, die mehr oder weniger bewusst ablaufen. Mithilfe des Einsatzes von Instrumenten und Methoden in Entscheidungsprozessen kann diese Reduktion der Komplexität erzielt werden. Außerordentlich relevant ist die methodische Unterstützung von Entscheidungsprozessen, wenn Entscheidungen partizipativ in Gruppen getroffen werden.

Der vorliegende Artikel beschäftigt sich mit dem Einsatz und vor allem mit der Auswahl von Instrumenten und Methoden in Entscheidungsprozessen. Zunächst werden die relevanten Aspekte zur Auswahl vorgestellt. Dieses Konzept soll einen Rahmen für das eigentliche Entscheidungsproblem, nämlich die Methodenwahl, vorgeben. Danach werden die später verwendeten Instrumente und Methoden kurz beschrieben. Den zweiten großen Teil des Betrages neben der Präsentation des Auswahlkonzeptes bildet ein Fallbeispiel aus der Stahlindustrie. Es Beschreibt die Vorgehensweise und die Erkenntnisse aus dem Entschei-

---

[1] Vgl. Wildemann (1987), S. 707f zit. nach Albach, Kaluza und Kersten (2002), S. 3.
[2] Vgl. Malik (1996), S. 191ff.

dungsprozess rund um eine Tiegelinvestition im Sonderstahlwerk der Böhler Edelstahl GmbH.

2 Wesentliche Aspekte bei der Instrumenten- und Methodenauswahl

Wenn es für ein spezifisches Problem keine Entscheidungsroutine gibt, muss man entweder improvisieren oder den Entscheidungsprozess methodisch unterstützen. Improvisierte Entscheidungen werden oft unter Zeitdruck getroffen und basieren auf keiner genauen Analyse. Bei Entscheidungen zu improvisieren ist dann gerechtfertigt, wenn die Konsequenzen oder Qualitätsunterschiede der Entscheidung unbedeutend sind, die Entscheidung leicht revidierbar ist oder die Vorteile einer Lösung offensichtlich sind. Improvisierte Entscheidungen hängen stark von den persönlichen Erfahrungen des Entscheidungsträgers in ähnlichen Situationen ab. Entscheidungen am Ende eines bewusst durchlaufenen Entscheidungsprozess – für welchen keine Entscheidungsroutinen zur Verfügung stehen und die soeben genannten Punkte, die zu einer improvisierten Entscheidung berechtigen, nicht zutreffen – sollen methodisch unterstützt werden.[3]

„Bei der methodisch unterstützten Entscheidung wird von der Annahme ausgegangen, dass die Qualität der Entscheidung in dem Maße wächst, in dem das Wissen über die Konsequenzen möglicher Entscheidungen zunimmt."[4] Diese Annahme rechtfertigt generell den Einsatz von Instrumenten und Methoden, gibt aber keinen Hinweis darauf welche einzusetzen sind bzw. nach welchen Gesichtspunkten Instrumente und Methoden auszuwählen wären.

Mit Entscheidungsprozessen selbst oder mit den Instrumenten und Methoden alleine haben sich sehr viele Autoren auseinandergesetzt. Auch die Frage nach adäquaten Auswahlkriterien wird hin und wieder aufgeworfen. Konkrete Versuche eine umfangreiche Antwort zu geben, finden sich kaum in der Literatur. Zwei Autoren[5] haben sich eingehend mit der Thematik auseinandergesetzt, wie aus der Vielzahl an Instrumenten und Methoden, die den Entscheidungsprozess unterstützen können, auszuwählen ist. Die folgenden Abschnitte diskutieren die wichtigsten Kriteriendimensionen, die in der Auswahl von Instrumenten und Methoden in Entscheidungsprozessen eine Rolle spielen. Das umfangreiche Feld an Dimensionen wurde zum einen deduktiv aus der Literatur abgeleitet und zum anderen aus praktischen Erfahrungen bei der Abwicklung von Projekten in der Industrie. Die Kriterien bzw. Einflüsse wurden in folgende Dimensionen geclustert:

- Problemeigenschaften
- Gruppeneigenschaften
- Situative Umstände
- Kulturelle Umstände
- Wirtschaftlichkeit

Abbildung 1 gibt einen Überblick über diese Dimensionen und Hinweise welche Aspekte dahinter stehen.

---

[3] Vgl. Haberfellner u.a. (2002), S. 192f.
[4] Haberfellner u.a. (2002), S. 193.
[5] Siehe Schlicksupp (1998) und Scherpereel (2006).

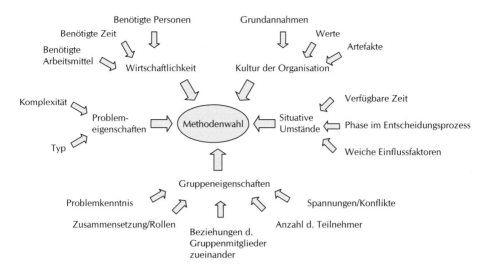

Abbildung 1: Einflussdimensionen auf die Instrumenten- und Methodenwahl

Dieses Konzept bezieht sich auf Entscheidungsprozesse in Gruppen, weil hier verstärkt Instrumente und Methoden zur Unterstützung des Entscheidungsprozesses eingesetzt werden. Die Komplexität von Problemen erfordert oft das Zusammenwirken von Experten. Daher werden die meisten wichtigen Entscheidungen nicht von Einzelpersonen, sondern von Gruppen getroffen – oder zumindest vorbereitet. Darüber hinaus wird durch Gruppenentscheidungen Partizipation gelebt, die Betroffene zu Beteiligte macht und so tendenziell eine höhere Bereitschaft zur Folge hat, getroffene Entscheidungen auch mitzutragen. Mehr Personen generieren mehr Ideen und haben mehr Wissen über Fakten und Zusammenhänge. Fehleinschätzungen einzelner Personen können frühzeitig erkannt werden und Fehlurteile können im Kommunikationsprozess innerhalb der Gruppe revidiert werden. Neben diesen Vorteilen existiert aber auch eine Reihe von Nachteilen von Gruppenentscheidungen. Der Zusammenhalt innerhalb der Gruppe, respektive der Grad der Kohäsion der Gruppe, lässt die Gruppe nach einer einvernehmlichen Lösung streben. Ein Übermaß an Kohäsion führt nicht nur zu suboptimalen Kompromissen, sondern auch zum negativen Effekt des Groupthink[6]. Große Macht- und Statusdifferenzen zwischen den Gruppenmitgliedern können zum, möglicherweise unbewussten, Vorziehen von Lösungswegen ranghöherer Gruppenmitglieder führen und so in sachlich ungerechtfertigten Entscheidungen resultieren. Persönliches Interesse einzelner Gruppenmitglieder beeinflusst unvermeidbar den Entscheidungsprozess. Darüber hinaus kann es auch zu einer Überforderung der kognitiven Kapazität der Gruppenmitglieder kommen. Durch Verfolgen des Diskussionsprozesses und unter Zeitdruck kommt eigenes Nachdenken zu kurz oder schon dargelegte Argumente werden wieder vergessen.[7]

Das Einsetzen von Instrumenten und Methoden soll die angesprochenen positiven Aspekte verstärken und die negativen vermeiden oder zumindest vermindern.

---

[6] Siehe Janis (1982).
[7] Vgl. Eisenführ und Weber (2003), 311ff.

2.1 Dimension: Problemeigenschaften

Das augenscheinlichste Kriterium zur Auswahl des passenden Instruments oder Methode ist, ob das Instrument oder die Methode ihren Zweck hinsichtlich der gegebenen Problemstellung überhaupt erfüllen kann. Dass das Instrument oder die Methode der Problemstellung angemessen sein muss, wird meistens automatisch berücksichtigt.

Ein weiterer Aspekt ist die Übereinstimmung der Varietät des Instruments und des Problems. „Varietät ist die Anzahl der unterscheidbaren Zustände eines Systems, bzw. die Anzahl der unterscheidbaren Elemente einer Menge."[8] Nach Ashby kann nur Varietät Varietät absorbieren.[9] Das heißt, man muss ein Instrument oder eine Methode finden, die die Komplexität des Problems überhaupt abbilden kann. Je komplexer das Problem desto komplexer muss auch das verwendete Instrument sein. Auf der anderen Seite soll die Vorgehensweise aber auch nicht unnötig kompliziert sein.

2.2 Dimension: Gruppeneigenschaften

Erste wichtige Eigenschaft einer Gruppe ist die Größe. Manche Instrumente und Methoden lassen sich nicht bei beliebig großen oder kleinen Gruppen einsetzen. Daher muss die Methode so gewählt werden, dass sie der Anzahl der Gruppenmitglieder angemessen ist. Die Größe der Gruppe anpassen ist nicht oft möglich bzw. sinnvoll.

Auf der einen Seite sollte die Gruppe so klein wie möglich sein, um handlungsfähig zu bleiben. Auf der anderen Seite muss neben der notwendigen Problemkenntnis auch die erforderliche Lösungskompetenz innerhalb der Gruppe vorhanden sein. Außerdem muss auch zumindest eine Person innerhalb der Gruppe das ausgewählte Instrument beherrschen. Darüber hinaus sollte ein Moderator durch den Entscheidungsprozess führen, der die nötigen persönlichen Vorraussetzungen, soziale Kompetenz und natürlich auch das methodische Wissen mitbringt. Wenn eines der Gruppenmitglieder die Rolle des Advokatus Diabolus übernimmt, hilft dies der Gruppe auf dem richtigen Weg zu bleiben und den unwillkommenen Effekt des „Groupthink"-Phänomens[10] zu vermeiden.

2.3 Dimension: Situative Umstände

„Hard Facts", wie beispielsweise technische Einschränkungen oder Ergebnisse aus monetären Bewertungen, müssen im Entscheidungsprozess beachtet werden. Aber auch „weiche Einflussfaktoren", die je nach Situation verschieden starke Auswirkung auf die Entscheidung haben können, sollen berücksichtigt werden. Von solchen weichen Einflussfaktoren gibt es eine Reihe. Dazu zählen beispielsweise der Halo-Effekt[11], die Überschätzung kleiner Wahrscheinlichkeiten, der Status-quo-Bias[12] oder die Verlustaversion[13], um nur einige zu nennen.

---

[8] Malik (1996), S. 186.
[9] Vgl. Ashby (1970), S. 202ff. zit. nach Malik (1996), S. 192.
[10] Zu Groupthink siehe Janis (1982).
[11] Ein besonders stark aufgeprägter Aspekt überstrahlt alle anderen Aspekte.
[12] Es wird unbegründeter Weise als weniger risikoreich empfunden keine Änderung herbeizuführen als Änderungen zu bewirken.
[13] Eine umfangreiche Liste an Effekten, Verzerrungen und Trugschüssen findet man bei Eisenführ und Weber (2003), S. 362ff.

Ebenfalls zu den situativen Umständen zu zählen ist die zur Verfügung stehende Zeit. Die Zeit, die zum Treffen einer Entscheidung zur Verfügung steht, beeinflusst die Methodenwahl in so fern, als dass bei begrenzter Zeit nicht jede beliebige Methode angewandt werden kann, denn nicht alle Methoden benötigen zur Durchführung gleich viel Zeit. Überdies soll das eingesetzte Instrument zur Phase im Entscheidungsprozess passen und diesen vorantreiben.

2.4 Dimension: Kulturelle Umstände

Nicht in jedem beliebigen kulturellen Umfeld kann man Instrumente und Methoden in Entscheidungsprozessen gleich gut einsetzen. Die Organisationskultur und auch die nationale Kultur spielen daher auch in der Auswahl der Instrumente und Methoden eine Rolle. Das Anwenden der Instrumente und Methoden darf nicht den Grundannahmen und Werten der Organisation widersprechen.[14]

Auch bieten verschiedene nationale Kulturen mehr oder weniger gute Voraussetzungen für den Einsatz von Instrumenten und Methoden in Gruppenentscheidungen. So begünstigt eine nationale Kultur, die eine geringe Machtdistanz und geringe Individualität aufweist sowie eher maskulin ist, generell den Einsatz von Instrumenten und Methoden in Gruppenentscheidungsprozessen. Dies spricht nach Hofstede[15] unter anderem auch sehr stark für unseren Kulturkreis und besonders auch für die österreichische nationale Kultur.

2.5 Dimension: Wirtschaftlichkeit

Bei der Betrachtung all der vorangegangenen Dimensionen, welche bei der Auswahl von Instrumenten und Methoden in Entscheidungsprozessen eine Rolle spielen, darf die Wirtschaftlichkeit der Anwendung nicht aus den Augen verloren werden. Der Aufwand für den Einsatz der Instrumente und Methoden muss geringer sein als das Potenzial der Aufwandsersparnis der zu treffenden Entscheidung. Bei kleinen unwichtigen Entscheidungen ist diese Grenze sehr schnell erreicht, wo sich der große Aufwand eines moderierten und mit Instrumenten und Methoden unterstützten Prozesses zur Entscheidungsfindung nicht mehr auszahlt. Hingegen bei weit reichenden, oft strategischen Entscheidungen ist der Aufwand für die methodische Unterstützung im Verhältnis zur Tragweite der Entscheidung verschwindend gering.

2.6 Auswahlprinzip für Instrumente und Methoden

Vor allem aus den praktischen Erfahrungen mit Instrumenten- und Methodeneinsatz, aber auch aus Hinweisen aus der Literatur hat sich gezeigt, dass eine nutzwertanalytische Auswahl von Instrumenten und Methoden nicht Ziel führend ist. Natürlich ist es denkbar, die einzelnen Aspekte der gefundenen Dimensionen zunächst zu gewichten und dann zu bewerten, um letztendlich Für und Wider eines Einsatzes quantifizieren zu können; um so herauszufinden, ob oder welche Instrumente in einem speziellen Fall zur Anwendung kommen sollten. Doch bei einer solchen Vorgehensweise würde man aus einem Problem

---

[14] Vgl. Schein (1992), S. 16ff zu Grundannahmen und Werten und siehe Zielowski (2006) zu Managementsysteme und Organisationskultur.
[15] Siehe Hofstede (2001).

viele andere machen. Man müsste sich beispielsweise mit Fragen beschäftigen, was nun wichtiger für die Auswahl einer Methode wäre; ob die Methode besser zu den kulturellen Umstanden in der Organisation passe oder, ob nicht irgendeine Gruppeneigenschaft doch wichtiger wäre.

Anstatt Regeln zur Auswahl von Instrumenten und Methoden aufzustellen, die sicher sehr leicht anzweifelbar wären und schlecht zu verallgemeinern wären, macht es mehr Sinn, aus den fünf Dimensionen, die in der Auswahl von Instrumenten und Methoden relevant sind, ein Auswahlprinzip abzuleiten, das bei der Wahl unterstützen soll. Prinzip – und nicht Regel – deshalb, weil über die Gewichtung der Dimensionen und die darin enthaltenen Aspekte keine Aussage getroffen wird.

Das in Abbildung 2 dargestellte Modell des Auswahlprinzips sieht für jede Dimension einen Muss- und einen Soll-Bereich an Kriterien vor. Es gibt also in jeder Dimension Voraussetzungen, die unbedingt erfüllt sein müssen, um generell Methoden einsetzen oder eine spezielle Methode anwenden zu können. Solchen K.O.-Kriterien stehen Soll-Kriterien gegenüber. Diese machen einen Großteil der Kriterien aus. Deren Erfüllung ist zwar nicht unbedingt notwendig, die Kriterien sollten aber nach Möglichkeit erfüllt werden. Aus dieser Differenzierung ergeben sich zwei anzustrebende Erfüllungsgrade von Voraussetzungen. Der eine ist der Level der minimalen Voraussetzung, die erfüllt sind, wenn alle Muss-Kriterien erfüllt werden. Der andere erstrebenswerte Erfüllungsgrad ist der, bei dem die Voraussetzungen optimal erfüllt sind.

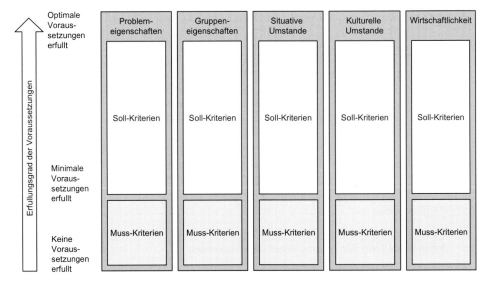

Abbildung 2: Auswahlprinzip für Instrumente und Methoden

So sollte man sich für jede Dimension K.O.- bzw. Muss-Kriterien überlegen, die erfüllt sein müssen, um überhaupt eine spezielle Methode anwenden zu können. Daraufhin kann dann anhand von Soll-Kriterien aus den prinzipiell anwendbaren Instrumenten und Methoden das oder die am besten geeignete ausgewählt werden.

3 Verwendete Instrumente und Methoden

In weiterer Folge werden im Fallbeispiel vier Instrumente angesprochen: das Abhängigkeitsdiagramm, das Brainstorming, das Ishikawa-Diagramm und die Punktbewertungsmethode. Es gibt eine Vielzahl an Instrumenten und Methoden, die während eines Entscheidungsprozesses eingesetzt werden können. Zu den gängigsten zählen die Instrumente und Methoden der Seven Tools[16] und der Seven New Tools[17] sowie Kreativitätstechniken und intuitive und analytische Bewertungsmethoden.

3.1 Abhängigkeitsdiagramm

Das Abhängigkeitsdiagramm soll multidimensionales Denken fördern und nicht-lineare Zusammenhänge zeigen. Die Vorgehensweise wird in der Literatur unterschiedlich beschrieben. Ein Weg der Anwendung geht von zuvor, beispielsweise über ein Affinitätsdiagramm, strukturierten Aspekten aus. Diese werden meist kreisförmig angeordnet und dann gedanklich miteinander in Verbindung gesetzt und mit Pfeilen, ausgehend vom beeinflussenden Aspekt und mündend in den beeinflussten Aspekt, markiert. Durch Abzählen der ausgehenden und eingehenden Pfeile jeden Aspektes können Treiber bzw. Stellschrauben sowie Ergebnisaspekte gefunden werden. Treiber haben viele ausgehende Pfeile und Ergebnisse viele eingehende.[18]

3.2 Brainstorming

Beim Brainstorming werden nach der Problemdefinition ausnahmslos alle Ideen der Gruppe visualisiert. Wichtig dabei ist, dass in der Kreativphase keine Kritik an den Beiträgen geübt wird; es geht also Quantität vor Qualität. Die Gruppe soll ihrer Phantasie freien Lauf lassen und auch fremde Ideen aufgreifen. Der Moderator versucht durch Reizfragen den Ideenfluss stets aufrecht zu erhalten. Zweck des Brainstormings ist es intuitives Denken zu fördern, Blockaden auszuschalten und Synergieeffekte zu nützen.[19]

3.3 Ishikawa-Diagramm

Das Ishikawadiagramm (auch Ursache-Wirkungs-Diagramm oder Fischgrätendiagramm) entstand in der japanischen Qualitätsbewegung. Es eignet sich besonders gut zur strukturierten Problemdiskussion und -analyse in Gruppen. Erster Schritt in der Verwendung des Ishikawadiagramms ist das Zusammenstellen einer geeigneten, sachverständigen Gruppe. Diese füllt zunächst in einer Kreativphase die Äste des Ishikawadiagramms aus – zumeist unter Zuhilfenahme einer Kreativitätstechnik, wie Brainstorming oder Brainwriting. Die Äste tragen die Namen Mensch, Maschine, Material, Methode, Management und Mitwelt[20] (6M). Dies ist nur eine mögliche Variante. Andere Autoren[21] verwenden mehr oder weniger Äste und weichen auch von diesen umfangreichen Bezeichnungen ab. Sie sollen der Gruppe Orientierungshilfe bieten und einen Leitfaden zum Füllen mit möglichen Ursachen

---

[16] Vgl. Seghezzi (2003), S. 302 und Biedermann (1997), S. 16.
[17] Vgl. Seghezzi (2003), S. 307 und Biedermann (1997), S. 16.
[18] Vgl. Breyfogle (1999), S. 82.
[19] Vgl. Jöbstl (1999), S. 89.
[20] Genau diese Bezeichnungen findet man bei Jöbstl (1999), S. 57.
[21] Siehe Pfeifer (1996), S. 13-27, Eberling (1994), S. 316 oder Breyfogle (1999), S. 81.

darstellen. Wesentlich ist, dass die Wirkung bzw. das Problem im Kopf der Fischgräte gut visualisiert bleibt, sodass für die Gruppe jederzeit der Zusammenhang zwischen ihren Beiträgen und dem Ziel ersichtlich ist. Da zunächst das Ziel ist, das Problem möglichst genau zu analysieren und viele vorstellbare Ursachen zu finden, ist es in der Regel notwendig, an die Kreativphase anschließend, zum Zwecke einer Priorisierung eine Bewertung durchzuführen. Hiezu eignen sich beispielsweise die Punktbewertungsmethode, Rangreihenfolge oder der paarweise Vergleich. Schwierigkeiten treten dann auf, wenn die Vorgehensweise von Gruppenmitgliedern als Spielerei empfunden wird und der Sinn der Anwendung vom Moderator nicht vermittelt werden kann.[22]

3.4 Punktbewertungsmethode

Die Punktbewertungsmethode gehört zu den Intuitiven Bewertungsmethoden. Im Unterschied zu den analytischen Bewertungsmethoden, wie beispielsweise die Nutzwertanalyse, bei denen anhand von gewichteten Kriterien bewertet wird, werden bei intuitiven Methoden Alternativen direkt von den Gruppenmitgliedern eingeschätzt. Bei der Punktbewertungsmethode erhält jeder Teilnehmer eine bestimmte Anzahl an Klebepunkte und klebt diese zu seinen Favoriten. Es ist sinnvoll eine Obergrenze festzulegen, wie viele seiner Punkte man auf einen einzigen Aspekt kleben darf, um zu verhindern, dass Einzelpersonen das Ergebnis zu stark beeinflussen können.[23]

4 Fallbeispiel einer Tiegelinvestition bei Böhler Edelstahl GmbH

Böhler Edelstahl GmbH entwickelt, produziert und verkauft weltweit Schnellarbeitsstähle, Werkzeugstähle und Sonderwerkstoffe auf höchstem Qualitätsniveau. Um größtmögliche Kundenzufriedenheit zu erreichen und Vertrauen der Kunden in die Produkte und Dienstleistungen zu schaffen, sind ständig Investitionen zu tätigen. Darüber hinaus sind diese auch nötig, um die eingeschlagene Wachstumsstrategie bei Sonderwerkstoffen für die Luftfahrt und den Energiemaschinenbau weiter verfolgen zu können und die erhöhte Nachfrage nach umgeschmolzenen Werkzeugstählen befriedigen zu können.

4.1 Entscheidungsproblem Tiegelinvestition

Das Sonderstahlwerk der Böhler Edelstahl GmbH erkannte die wirtschaftliche Notwendigkeit der Beschaffung eines zusätzlichen Tiegels für ein Umschmelzaggregat und trat somit in einen Entscheidungsprozess rund um die Tiegelinvestition ein. Diese Tiegelinvestition ist nur ein kleiner, erster Schritt eines umfangreichen Investitionsprogramms in diesem Bereich gewesen. Das Entscheidungsproblem dieser Tiegelinvestition wurde hier als Fallbeispiel gewählt, weil der dahinterliegende Entscheidungsprozess sehr zielorientiert und gut dokumentiert durchlaufen wurde. Um das Entscheidungsproblem dieser Tiegelinvestition näher zu erläutern, wird zunächst ein kurzer Blick auf die Art der anstehenden Investition geworfen, sowie auch auf die Art der Investitionsentscheidung.

Im weiteren Sinne versteht man unter Investition die Verwendung von finanzieller Mittel zur Beschaffung von Anlagevermögen.[24] In der Literatur am häufigsten zu finden, ist die

---

[22] Vgl. Eberling (1994), S. 315ff.
[23] Vgl. Jöbstl (1999), S. 96.
[24] Vgl. Domschke und Scholl (2000), S. 225.

Klassifikation von Investitionen nach der Art der zu beschaffenden Vermögensgegenstände. Daraus leiten sich folgende Arten ab:[25]

- Sachinvestitionen
- Finanzinvestitionen
- immaterielle Investitionen

Neben einigen anderen Kriterien[26] zur Untergliederung von Investitionen, ist das Kriterium des Investitionsanlasses ein für den Entscheidungsprozess wesentliches. Nach dem Anlass unterscheidet man die folgenden Investitionsarten:

Tabelle 1: Investitionsarten

Neuinvestition	Bei Neuinvestitionen – man spricht auch von Erst- oder Anfangsinvestitionen[27] – wird Anlagevermögen beschafft, das zur Fertigung neuer Produkte oder Schaffen neuer Dienstleistungen benötigt wird.
Erweiterungs-investition	Erweiterungsinvestitionen dienen der Steigerung der Produktionskapazität. Das heißt, es werden weitere Anlagen eines bestehenden Typs angeschafft.[28] Neu- und Erweiterungsinvestitionen werden auch unter dem Begriff Nettoinvestitionen zusammengefasst, weil diese beiden Typen im Unterschied zu Bruttoinvestitionen zu einer Kapazitätsvergrößerung führen.[29]
Rationalisierungs-investition	Erhöhter Wettbewerbsdruck zwingt Unternehmen, ihre Produktionsprozesse ständig zu verbessern, um Kosten zu sparen oder, gewinnbringende Produkte und Dienstleistungen auszubauen. Rationalisierungsinvestitionen sind nötig, um die Wertschöpfung von bestehenden Prozessen zu erhöhen.[30]
Ersatzinvestition	Ersatzinvestitionen oder Re-Investitionen werden getätigt, wenn beispielsweise der Betrieb alter Anlagen zu teuer wird und technologisch höher stehende Maschinen effizienter produzieren oder Anlagen kaputt gehen und neu beschafft werden müssen.[31].
Sozialinvestition	Investitionen, die nicht unmittelbar der Fertigung von Produkten oder Schaffung von Dienstleistungen dienen, sondern in soziale Einrichtungen gehen, wie zum Beispiel in Verpflegungseinrichtungen, Gesundheitsvorsorgeeinrichtungen oder betriebliche Bildungseinrichtungen, werden unter dem Begriff Sozialinvestitionen zusammengefasst.[32]
Investition aufgrund behördlicher Auflagen	Vor allem im Bereich der Arbeitsplatzsicherheit und des Umweltschutzes greift der Staat in die Tätigkeit der Unternehmen ein. Als Folge dieses Eingreifens kann es zu erzwungenen Investitionen aufgrund behördlicher Auflagen kommen.[33]

Die hier betrachtete Tiegelinvestition hat sowohl den Charakter einer Erweiterungsinvestition als auch den einer Rationalisierungsinvestition. Erweiterungsinvestition deshalb, weil der schlussendlich beschaffte Tiegel doppelt so viel Fassungsvermögen besitzt als die bei-

---

[25] Vgl. Wöhe (1973), S. 503, Dichtl und Issing (1993a), S. 1033 und Domschke und Scholl (2000), S. 225.
[26] Vgl. Dichtl und Issing (1993a), S. 1033 für weitere Kriterien zur Untergliederung.
[27] Vgl. Domschke und Scholl (2000), S. 226.
[28] Vgl. Domschke und Scholl (2000), S. 226.
[29] Vgl. Wöhe (1973), S. 504.
[30] Vgl. Loderer u.a. (2005), S. 150.
[31] Vgl. Loderer u.a. (2005), S. 150.
[32] Vgl. Dichtl und Issing (1993b), S. 1925.
[33] Vgl. Loderer u.a. (2005), S. 151.

den vorhandenen. Dennoch liegt es näher, von einer Rationalisierungsinvestition zu sprechen, da der ursprüngliche Gedanke der Investition der war, aufgrund eines zusätzlichen Tiegels bestimmte Arbeiten gleichzeitig durchführen zu können und so Zeit und Geld zu sparen. Darüber hinaus stand bei einem der beiden vorhandenen Tiegel eine größere Reparatur an und so wäre über längere Zeit nur ein Tiegel vorhanden gewesen.

Nach der Struktur der Alternativen und der Abhängigkeit von anderen Investitionsentscheidungen lassen sich Typen von Investitionsentscheidungen definieren:[34]

- Isolierte Entscheidungen bzw. Ja/Nein-Entscheidungen müssen getroffen werden, wenn über Durchführung oder Unterlassung eines einzelnen Investitionsprojektes ohne Vorhandensein anderer Alternativen und ohne Berücksichtigung anderer Investitionsprojekte bestimmt werden muss.
- Entscheidungen über die relative Vorteilhaftigkeit von Investitionsprojekten sind zu treffen, wenn sich die Investitionsprojekte gegenseitig ausschließen. Es soll also das beste Investitionsprojekt aus vielen ausgewählt werden.
- Entscheidungen über Umfang und Zusammensetzung von einem oder mehreren Investitionsprogrammen werden gefällt, wenn es Interdependenzen zwischen den einzelnen zur Entscheidung anstehenden Investitionsprojekten oder -programmen kommt.

Die Tiegelinvestition des Fallbeispiels ist eine Entscheidung über die relative Vorteilhaftigkeit eines Investitionsobjektes. Es standen verschiedene Anbieter und Tiegel und somit verschiedene Investitionsobjekte zur Verfügung aus denen der relativ vorteilhaftere zu wählen ist.

4.2 Rahmenbedingungen des Entscheidungsprozesses

Die Tiegelinvestition fand in einem Zeitraum statt, in dem nicht nur aber auch im betroffenen Werk mit der Einführung von Total Productive Maintenance[35] ein organisatorischer Wandlungsprozess im Bereich Produktion und Instandhaltung lief. Dieser wurde extern im Rahmen eines mehrjährigen Projektes unterstützt. Die Anschaffung neuer Anlagenteile betrifft thematisch natürlich auch die Bereiche der Produktion und der Instandhaltung. Darum wurde der Entscheidungsprozess bezüglich dieser Anschaffung auch im Rahmen des Projektes mitbehandelt und methodisch begleitet.

Im Leitbild der Böhler Edelstahl GmbH ist nicht nur bloß festgeschrieben, dass die *Mitarbeiter der wesentliche Erfolgsfaktor des Unternehmens sind* und, dass die Führungskräfte, die *Vorbildfunktion* haben sollen, auch die *notwendigen, motivierenden Rahmenbedingungen schaffen* sollen, *um zielorientiert und eigenverantwortlich* agieren zu können.[36] Das Leitbild wird auch in die Tat umgesetzt. So wurde im speziellen Anlassfall ein Arbeitskreis gebildet, der gemeinsam zu einer Entscheidungsempfehlung kommen sollte. Die Gruppe an Personen umfasste neben dem Betriebsleiter, der letztendlich die Entscheidungsverantwortung tragen musste, auch Mitarbeiter auf Ingenieurs- und Meisterebene aus den Bereichen der Produktion und der Instandhaltung sowie die unternehmensexternen Berater. Es

---

[34] Vgl. Dichtl und Issing (1993a), S. 1034.
[35] Zu TPM siehe Nakajima (1995), Shirose (1992), Zettl und Jöbstl (1997) und Biedermann (1997).
[36] Vgl. Leitbild Böhler Edelstahl GmbH (2007).

wurden im Abstand von jeweils ein paar Wochen moderierte Workshops durchgeführt. In diesen wurde der Entscheidungsprozess beratend begleitet und methodisch unterstützt.

4.3 Der Entscheidungsprozess und die gewählten Instrumente

Basierend auf einem klassischen Ablauf[37] eines Entscheidungsprozess sieht die Zuordnung der verwendeten Methoden so wie in Abbildung 3 ersichtlich aus.

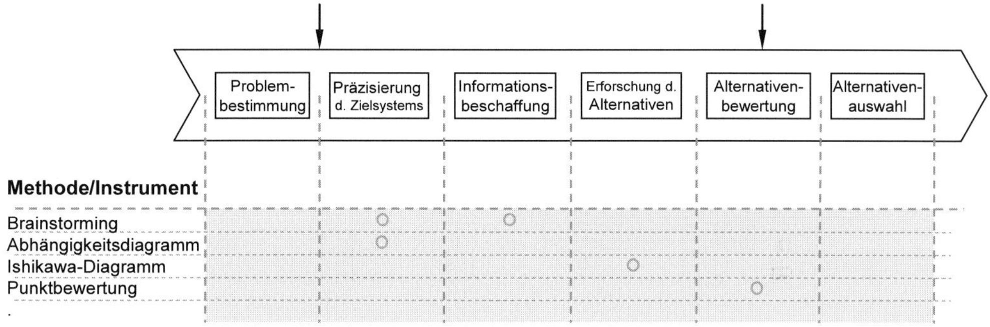

Abbildung 3: Entscheidungsprozess des Fallbeispiels

Die methodische Begleitung des Prozesses begann bei der Präzisierung des Zielsystems und endete bei einer Priorisierung der Bewertungskriterien in der Phase der Alternativenbewertung. Diese Phase wurde allerdings innerhalb der methodischen Begleitung nicht komplettiert.

Nach einer Kreativphase in Form eines Brainstormings entpuppten sich fünf große Punkte als Ziele der Tiegelbeschaffung: *Wirtschaftlichkeit, Produktionssicherheit, Geringer IH- und Bedienaufwand, Qualität des Tiegels und ausreichende Ausbringmenge*. Zwei berücksichtigungswürdige Gesichtspunkte kamen zutage. Der erste Punkt war, dass man auf der einen Seite Produktionssicherheit forderte, auf der anderen man größtmögliche Wirtschaftlichkeit anstrebte. Es ergab sich ein klassischer Fall eines Zielkonflikts. Zum zweiten war zu erkennen, dass die fünf gefundenen Ziele nicht nur nicht unabhängig voneinander waren, sondern auch nicht auf einer gemeinsamen Abstraktionsebene lagen. So ist die ausreichende Ausbringmenge strukturell Teil der Wirtschaftlichkeit. Ohne die unternehmensinterne Sprache bzw. Sichtweise der Organisationsmitglieder in Frage zu stellen und einzelne Punkte nicht als eigenständige Ziele gelten zu lassen, empfahl die externe Beratung in ihrer Funktion als Moderator das Zielsystem zu präzisieren und dazu ein Abhängigkeitsdiagramm zu erstellen. Jedes Ziel wurde in der Gruppe daraufhin untersucht in wie weit es ein anderes Ziel beeinflusst. Die Wirkungsrichtungen wurden in Form von Pfeilen dargestellt. Das Ergebnis ist in Abbildung 4 zu sehen.

---

[37] Vgl. Blank (1978), S. 14ff, Heinen (1991), S. 35ff, Bugdahl (1990), S. 11f, Laux (2003), S. 8ff und Malik (2000), S. 112ff.

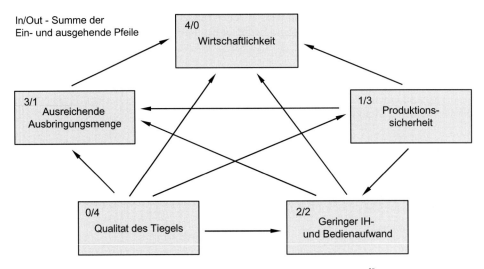

Abbildung 4: Abhängigkeitsdiagramm zur Projektzielanalyse[38]

Bei der Auswertung des Abhängigkeitsdiagramms wurden alle aus- und eingehenden Pfeile jedes Zieles gezählt. So konnten passive Ziele, das sind solche, deren Erreichung von der Erreichung anderer Ziele abhängt, und aktive Ziele, solche, deren Erreichung sich auf andere Ziele auswirkt, isoliert werden. Dies wurde deshalb gemacht, um die Treiber des Zielsystems zu erkennen und um sich auf diese in der Phase der Erforschung der Alternativen besser konzentrieren zu können. Abbildung 5 zeigt die aktiven und passiven Elemente des Zielsystems in einem geeigneten Diagramm.

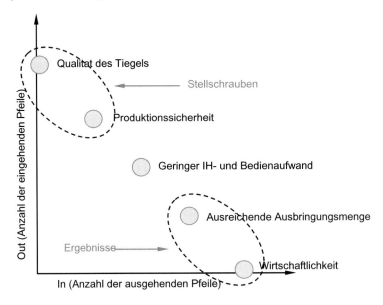

Abbildung 5: Auswertung des Abhängigkeitsdiagramms – aktive und passive Elemente[39]

---

[38] Aus Zielowski u.a. (2004), S. 23.

In der linken oberen Ecke finden sich die aktiven Ziele Qualität des Tiegels und Produktionssicherheit. Diese stellen Stellschrauben im Zielsystem dar. Auf ihre Erreichung sollte größtes Augenmerk gelegt werden, da sich diese wiederum auf die passiven Elemente in der rechten unteren Ecke, wie beispielsweise die ausreichende Ausbringmenge und Wirtschaftlichkeit, auswirkt.

Um nun die Anforderungen an den neuen Tiegel zu finden und diese auch entsprechend priorisieren zu können, wurde als nächstes ein Ishikawa-Diagramm angewandt. Die 6M (Mensch, Maschine, Material, Mitwelt, Management und Methode) wurden in die Sprache des Unternehmens übersetzt, indem man diskutierte was die 6M im Zusammenhang mit dieser Entscheidung bedeuten. Wie in Abbildung 6 dargestellt, bedeuteten die 6M für die Gruppe: Mitarbeiter, Technologie/Tiegel, Ersatzteile/Feuerfestmaterial, Hersteller, Management und Installation. Mit der Brainstorming-Methode wurde versucht, für jeden Ast des Ishikawa-Diagramms so viele Anforderungen wie möglich zu finden.

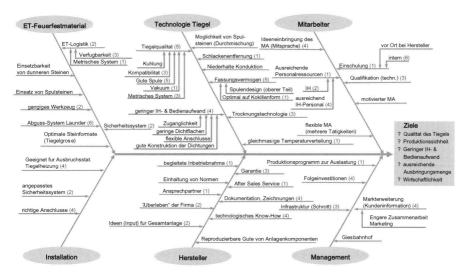

Abbildung 6: Anforderungen an Tiegel bzw. Einflussgrößen auf Tiegelziele[40]

Diese Phase dauerte relativ lange und es musste daher auch immer wieder Überzeugungsarbeit geleistet werden, dass es nicht ausreicht, bloß seine Ziele zu kennen, um Anforderungen für den Tiegelkauf zu definieren, sondern die Ursache/Wirkungs-Zusammenhänge zu durchschauen und diese zu konkretisieren. Schlussendlich wurden die gefundenen Einflussfaktoren mittels einer Punktbewertungsmethode priorisiert. Jeder Mitarbeiter erhielt eine gewisse Anzahl an Klebepunkten und durfte diese zu den für ihn am wichtigsten scheinenden Anforderungen kleben. Das konsolidierte Ergebnis ist in Abbildung 7 ersichtlich.

---

[39] Aus Zielowski u.a. (2004), S. 24.
[40] Nach Zielowski u.a. (2004), S. 25.

Ishikawa-Ast	Thema	Unterpunkt	Bewertung
Mitarbeiter	Einschulung	Vor Ort	6
ET-Feuerfestmat.	Abguss-System Launder		6
Technologie Tiegel	Fassungsvermögen		5
Technologie Tiegel	Tiegelqualität		5
Technologie Tiegel	Tiegelqualität	Güte der Spule	5
Mitarbeiter	Ideeneinbringung des MA		4
Mitarbeiter	ausreichende Personalressourcen	ausreichend IH-Personal	4
Management	Folgeinvestionen		4
Management	Markterweiterung (Kundeninformation)		4
Technologie Tiegel	geringer IH- & Bedienaufwand		4
Herstellen	Technolog. Know-how		4
Herstellen	Dokumentation, Zeichnungen		4
Installation	richtige Anschlüsse		4
Installation	geeignet für Ausbruchsstat. Tiegelheizung		4
Mitarbeiter	techn. Qualifikation		3
Management	Infrastruktur (Schrott)		3
Technologie Tiegel	Trocknungstechnologie		3
Technologie Tiegel	Tiegelqualität	Kompatibilität	3
Technologie Tiegel	Tiegelqualität	metrisches System	3
Herstellen	Garantie		3
ET-Feuerfestmat.	ET-Logistik	Verfügbarkeit	3

Zunehmende Wichtigkeit.

Abbildung 7: Einflussgrößen nach Wichtigkeit[41]

Als wichtigster Punkt wurde beispielsweise das Thema Mitarbeitereinschulung vor Ort identifiziert. Konnte ein Anbieter keine Vor-Ort-Schulung als Service mit anbieten, war dieser aus Sicht der Gruppe nicht geeignet als Lieferant des Tiegels.

4.4 Auswahl der Instrumente und Methoden

Die Auswahl der verwendeten Instrumente und Methoden geschah unter Bedachtnahme der in Kapitel 2 präsentierten Dimensionen. Die folgenden Abschnitte zeigen die Überlegungen für das Abhängigkeitsdiagramm, Brainstorming, das Ishikawa-Diagramm und die Punktbewertungsmethode strukturiert nach den fünf Dimensionen.

4.4.1 Problemeigenschaften

Das Abhängigkeitsdiagramm ist grundsätzlich nicht das einzige Instrument mit dem man das vorhandene Mehrzielsystem bestehend aus fünf verschiedenen Aspekten analysieren hätte können. Dennoch hat es gegenüber anderen Bewertungsmethoden wie beispielsweise der Punktbewertung bedeutende Vorteile. Bei der Punktbewertungsmethode müsste man direkt nach dem Treiber im System fragen und es wäre ungewiss, wie stark, wenn auch unbewusst, die bewertenden Personen zwischen subjektiver Bewertung der Gesamtwichtigkeit und den Treibereigenschaften des jeweiligen Elements unterscheiden. Mittels des Abhängigkeitsdiagramms hinterfragt man zunächst nur die Richtung und Stärke der Wir-

---

[41] Aus Zielowski u.a. (2004), S. 26.

kungen und kann dann indirekt, und somit auch etwas objektiver, auf den Haupttreiber des Zielsystems schließen. Das Anhängigkeitsdiagramm ist nicht unnötig komplex und es lässt auch ein ausreichendes Maß an Varietät zu, um dem Teilproblem der Treibersuche in angemessener Weise zu begegnen.

Das Entscheidungsproblem der Tiegelinvestition weist so viele Aspekte auf, dass man davon ausgehen kann, dass es nicht vollständig beschrieben werden kann. Daher muss das Entscheidungsmodell möglichst offen sein. Die nötige Offenheit wird zunächst durch die Kreativphase in Form eines Brainstormings gewährleistet. Ein Brainstorming selbst schränkt in keiner Weise die Abbildung eines Problems ein.

Für das abschließende Teilproblem, alle gefundenen Aspekte auf einen überschaubaren Anforderungskatalog zu kürzen, reicht aus Sicht der Problemeigenschaften die Punktbewertungsmethode aus.

4.4.2 Gruppeneigenschaften

Die Größe der Gruppe lag bei den relevanten Workshops bei sieben bzw. acht Personen plus zwei externe Moderatoren. Somit liegt dieser Aspekt in einem für alle vier Instrumente unkritischen Bereich.

Die Gruppe wies auch die entsprechende Kompetenz auf, zu einer brauchbaren Lösung zu kommen. Schlüsselfunktion hierbei hatte sicherlich der Betriebsleiter inne. Ohne dessen Anwesenheit wäre der Punkt der Lösungskompetenz in Frage zu stellen gewesen. Des Weiteren waren auch Personen aus dem kaufmännischen Bereich, der Produktion und der Instandhaltung immer anwesend. Aus Sicht der Moderation hätte die Gruppe etwas kleiner sein können, aus Sicht der Leitung und unter Bedachtnahme des Nebenziels der Stärkung der Partizipativität ist die Gruppengröße durchaus gerechtfertigt gewesen.

Durch die Präsenz von externen Moderatoren wurde sichergestellt, dass die gewählten Instrumente sinnvoll angewandt wurden. Wären in diesem speziellen Fall keine Moderatoren anwesend gewesen, wäre das Anwenden des Abhängigkeitsdiagramms sowie des Ishikawa-Diagramms nur schwer möglich gewesen. Da dies nicht der Fall war, waren die Gruppeneigenschaften für die Auswahl in weiterer Folge weniger relevant.

4.4.3 Situative Umstände

Die Berücksichtigung harter Fakten, wie beispielsweise die nötigen Investitionsausgaben oder Betriebskosten unterschiedlicher Alternativen, wurde in eine spätere, hier nicht mehr betrachtete Phase des Entscheidungsprozesses hinausgeschoben. So nahmen solche Überlegungen auch keinen Einfluss auf die Wahl der Instrumente in den hier betrachteten Phasen des Entscheidungsprozesses. Weiche Einflussfaktoren spielten hingegen schon eine Rolle in der Auswahl der Instrumente:

Einem häufig auftretenden Effekt, dem *Halo-Effekt* (die Überstrahlung aller Aspekte durch einen besonders stark ausgeprägten), wurde aus zwei Seiten in der Instrumentenauswahl Einhalt geboten: zum einen um durch die Kombination der Kreativphase, in der möglichst viele Ansichten visualisiert werden, und der Priorisierung durch Bewertung. So ist durch die Auswahl der Instrumente die Gefahr des Halo-Effektes, der in einer unstrukturierten

Gesprächsrunde sicher aufgetreten wäre, minimiert worden. Zum anderen wurde im vorliegenden Fallbeispiel durch die Beschränkung der zu klebenden Punkte, ein einziges Kriterium, wie beispielsweise die Mitarbeitereinschulung vor Ort, über zu bewerten, vermieden. Bei der Auswahl des Abhängigkeitsdiagrams zur Zielsystemanalyse zog man ins Kalkül, dass Menschen dazu neigen, innerhalb von mentalen Konten zu optimieren (*Mental Accounting*). So werden Optimierungsgrößen oder Ziele unabhängig von einander betrachtet und auch oft nur eines, das am wichtigsten scheinende, anvisiert und im Gedächtnis behalten. Durch das Anwenden des Abhängigkeitsdiagramms wurde bewusst gemacht, dass es sich um ein Mehrzielsystem handelt und die Zielerreichung auch diametral sein kann.

Zwei weitere Kriterien der situativen Umstände waren beim Einsatz der gewählten Instrumente auch erfüllt; es war ausreichend Zeit zur Verfügung und der Zweck der Instrumente war ebenso erfüllt. Darüber hinaus trieben die gewählten Instrumente die entsprechenden Phasen des Entscheidungsprozesses voran und man drehte sich nicht im Kreis, indem mehrere Instrumente mit gleichem Effekt und ohne Mehrwert angewandt wurden.

4.4.4 Kulturelle Umstände

Der Bereich, in dem diese Tiegelinvestition anfiel, befand sich in einer Einführungsphase von Total Productive Maintenance und versuchte die TPM-Philosophie in der Werteebene zu etablieren. Daher passte der partizipative und methodische Ansatz gut zu den Werten der Organisation. Zwar wurde die methodische Vorgehensweise top-down eingeleitet, war aber dennoch keine klassische Verordnung, da einige der an den Workshops teilnehmenden Produktions- und Instandhaltungsmitarbeitern bereits einschlägige Schulungen besucht hatten und den Instrumenten- und Methodeneinsatz verteidigten.

Die auszuwählenden Instrumente und Methoden dürfen nicht gegen die Grundannahmen in der Organisation verstoßen. Für die Instrumente Abhängigkeitsdiagramm, Brainstorming und Ishikawa-Diagramm ist diese Vorgabe unkritisch. Anders ist dies im Zusammenhang mit der Punktbewertungsmethode. Auch in Ländern, in denen die Machtdistanz sehr gering ist, wie Österreich, wird dennoch nicht grundsätzlich angenommen, dass beispielsweise die Meinung – und somit auch der geklebte Punkt – eines Maschinenbedieners gleichbedeutend mit der Meinung, respektive des Punktes, des Betriebsleiters ist. In anderen nationalen Kulturen könnte die Wahl der Punktbewertungsmethode als Instrument der Priorisierung ein falsche sein, und der Glaubwürdigkeit der gesamten Vorgehensweise schaden.

4.4.5 Wirtschaftlichkeit

Ein K.O.-Kriterium bei der Wahl der Instrumente war, dass das Anwenden der Instrumente nicht teurer sein durfte als die Bandbreite monetärer Auswirkungen der Entscheidungen. Da die Ausgaben für die Überstunden der teilnehmenden Mitarbeiter, das Honorar der Moderatoren sowie die verwendeten Ressourcen weit von der Größenordnung der Tiegelinvestition und ihrer Auswirkung entfernt war, war dieses Kriterium in jedem Fall erfüllt. Unter dem Gesichtspunkt des Soll-Kriteriums, dass der Aufwand für den Einsatz von Instrumenten und Methoden so gering wie möglich sein soll, konnten zwischen den gewählten Instrumenten und möglichen Alternativen keine signifikanten Unterschiede erkannt werden.

4.5 Erkenntnisse und Schlussfolgerungen aufgrund des Fallbeispiels

Das Fallbeispiel bei Böhler Edelstahl GmbH brachte die folgenden Ergebnisse zutage, die daneben auch zu Schlussfolgerungen für das in diesem Beitrag vorgestellte Auswahlkonzept führten. Die wichtigsten Erkenntnisse aus dem Entscheidungsprozess hinter der Tiegelinvestition sind:

- Es besteht generell Bedarf an methodischer Unterstützung. Die Problemkenntnis ist selten ein limitierender Faktor in Entscheidungsprozessen. Auch als Einzelperson zu einer Entscheidung zu kommen, stellt selten ein Problem dar. Hingegen der Weg zur Entscheidung in einer Gruppe ist schwierig. Oft fehlt die methodische Kompetenz oder das Vertrauen in eine instrumentell unterstützte Vorgehensweise. Prinzipiell gibt es zwei Möglichkeiten den Bedarf an methodischer Unterstützung zu decken. Entweder man kauft sich die Unterstützung wie in diesem Fallbeispiel extern ein, oder Mitarbeiter eignen sich das methodische Wissen an. Zur adäquaten Anwendung müssen diese Mitarbeiter aber auch die notwendige soziale Kompetenz und persönlichen Voraussetzungen mitbringen.

- Der Methodeneinsatz belebte den partizipativen Führungsstil. In diesem Beispiel konnte beobachtet werden, dass ein gemeinsames Vorgehen besonders in Entscheidungsprozessen, deren Ausgang direkte Auswirkung auf bestimmte Mitarbeiter hat, vorteilhaft ist in Bezug auf das spätere Tragen der Entscheidung. Betroffene wurden zu Beteiligten gemacht. Typische Vorteile eines partizipativen Führungsstils wie das Anheben der Motivation der Mitarbeiter und Stärkung ihrer Identifikation mit den Unternehmenszielen konnten in diesem Fallbeispiel erzielt werden. Durch die methodische Unterstützung des Entscheidungsprozesses wurde der partizipative Führungsstil operationalisiert.

- Ob die Entscheidung selbst besser oder schlechter war, konnte nicht beobachtet werden. Hier ist mit besser und schlechter die höhere oder geringere Kongruenz der Ergebnisse mit den zuvor gesetzten Zielen gemeint. Um dies zu bestimmen, müsste man nicht nur den Entscheidungsprozess länger begleiten, sondern auch im Nachhinein das Entscheidungsergebnis evaluieren, was im vorliegenden Fall nicht geschah.

- In der Anwendung von Instrumenten und Methoden können Fehler gemacht werden. Im besprochenen Fallbeispiel passierte zunächst der Fehler, dass bei der Priorisierung der Aspekte des Ishikawa-Diagramms die Mehrzahl der Gruppenmitglieder zu stark von der Meinung ihres Vorgesetzten beeinflusst war. Der Vorgesetzte wollte mit gutem Beispiel vorangehen und klebte seine Punkte als erster. Es war zu beobachten, dass viele Mitarbeiter seine wichtigsten Anliegen durch das Kleben der entsprechenden Punkte zunächst bestätigten und erst dann ihre eigene Meinung kundtaten. In einer zweiten Priorisierungsrunde an einem darauf folgenden Workshop wurde das Ishikawa-Diagramm nochmals priorisiert und es zeigte sich ein differierendes Bild.

- Die Akzeptanz und damit der Erfolg des Instrumenteneinsatzes hängen deutlich vom Moderator ab. Durch dieses Beispiel wurde klar, dass der Moderator in jeder Phase des Prozesses die nötige methodische Kompetenz haben muss, um seine Vorgehensweise ausreichend argumentieren zu können. Es war oft nicht leicht, Mitarbeiter vom Sinn beispielsweise eines Ishikawa-Diagramms zu überzeugen und die erste Auffassung von einer Spielerei mit Kärtchen zu zerstreuen. Beispielsweise war man auch konfrontiert mit Aussagen, wie die eines Produktionsmitarbeiters: „Von einer Fischgräte ist noch nie ein Teil heruntergefallen", in Anspielung darauf, dass er die Anwendung eines Ishikawa-Diagramm, umgangssprachlich auch Fischgrät-Diagramm genannt, für Zeitverschwendung halte. Der Moderator muss die soziale und methodische Kompetenz haben, mit solchen Situationen umzugehen und die Akzeptanz des Instrumenteneinsatzes sicherzustellen.

5 Zusammenfassung

Durch die stetige Zunahme der Komplexität von Unternehmen, Technologien, Anlagen und Prozessen sehen sich Entscheider immer komplexeren Entscheidungssituationen gegenüber. Eine zu beobachtende Konsequenz ist, dass immer mehr Entscheidungsprozesse stark partizipativ oder in Gruppen ablaufen müssen. Somit wird auch die methodische Begleitung des Entscheidungsprozesses immer wichtiger. Der vorliegende Beitrag gibt Hilfestellung in der Auswahl von Instrumenten und Methoden zur Unterstützung von Entscheidungsprozessen. Im Fokus der Betrachtung liegen die Problem- und Gruppeneigenschaften, die situativen und kulturellen Umstände sowie die Wirtschaftlichkeit der Instrumenten- und Methodenanwendung. Die wesentlichen Aspekte werden anhand eines Fallbeispiels aus der Stahlindustrie konkretisiert und diskutiert.

6 Literatur

- Albach, H.; Kaluza, B.; Kersten, W. (2002): Kernkompetenz Wertschöpfungsmanagement. In: Wertschöpfungsmanagement als Kernkompetenz. Hrsg.: Albach, H.; Kaluza, B.; Kersten, W., Wiesbaden: Gabler Verlag, S. 1-10.
- Ashby, R.W. (1970): An Introduction to Cybernetics. Vol. 5th Edition, London.
- Biedermann, H. (1997): TPM, KVP und Gruppenarbeit - Bausteine der Lernenden Organisation im Produktions- und Instandhaltungsbereich. In: TPM, KVP und Gruppenarbeit - Evolutionäre Konzepte für das Produktions- und Instandhaltungsmanagement. Hrsg.: Biedermann, H., Köln: Verlag TÜV Rheinland, S. 9-27.
- Blank, W. (1978): Organisation komplexer Entscheidungen, Wiesbaden: Gabler Verlag.
- Breyfogle, F.W.I. (1999): Implementing Six Sigma - Smarter Solutions Using Statistical Methods, New York: John Wiley & Sons, Inc.
- Bugdahl, V. (1990): Methoden der Entscheidungsfindung, Würzburg: Vogel Verlag.
- Dichtl, E.; Issing, O. (1993a): Vahlens Großes Wirtschaftslexikon - Band 1, München: Verlag Beck, Verlag Vahlen.
- Dichtl, E.; Issing, O. (1993b): Vahlens Großes Wirtschaftslexikon - Band 2, München: Verlag Beck, Verlag Vahlen.

- Domschke, W.; Scholl, A. (2000): Grundlage der Betriebswirtschaftslehre - Eine Einführung aus entscheidungsorientierter Sicht, Berlin, Heidelberg, New York: Springer.
- Eberling, J. (1994): Die sieben elementaren Werkzeuge des Qualitätsmanagements. In: Die Hohe Schule des Total Quality Management. Hrsg.: Kamiske, G.F., Berlin, Heidelberg, New York: Springer Verlag.
- Eisenführ, F.; Weber, M. (2003): Rationales Entscheiden. Vol. 4. Ausgabe, Berlin Heidelberg: Springer Verlag.
- Haberfellner, R.; Nagel, P.; Becker, M.; Büchel, A.; Massow, H.v. (2002): Systems Engineering - Methodik und Praxis. 11., Zürich: Orell Füssli Verlag. ISBN 3-85743-998-X.
- Heinen, E. (1991): Industriebetriebslehre: Entscheidungen im Industriebetrieb, Wiesbaden: Verlag Gabler.
- Hofstede, G. (2001): Culture's Consequences - Comparing Values, Behaviord, Institutions, and Organisations Across Nations. Vol. 2nd Edition, Thousand Oaks, London, New Delhi: Sage Publications.
- Janis, I.L. (1982): Groupthink, Boston: Verlag - Houghton Mifflin.
- Jöbstl, O. (1999): Einsatz von Qualitätsinstrumenten und -methoden - Ein Anwendungsmodell für Dienstleistungen am Beispiel der Instandhaltung, Wiesbaden: Deutscher Universitätsverlag.
- Laux, H. (2003): Entscheidungstheorie. 5. Auflage, Berlin Heidelberg: Springer.
- Leitbild Böhler Edelstahl GmbH (2007). URL: www.bohler-edelstahl.com.
- Loderer, C.; Jörg, P.; Pichler, K.; Roth, L.; Zgraggen, P. (2005): Handbuch der Bewertung - Praktische Methoden und Modelle zur Bewertung von Projekten, Unternehmen und Strategien. 3., erweiterte Auflage, Zürich: Verlag Neue Zürcher Zeitung.
- Malik, F. (1996): Strategie des Managements komplexer Systeme. 5., erweiterte und ergänzte Auflage, Bern, Stuttgart, Wien: Haupt Verlag.
- Malik, F. (2000): Führen Leisten Leben - Wirksames Management für eine neue Zeit. Vol. 5. Auflage, Stuttgart, München: Deutsche Verlags-Anstalt.
- Nakajima, S. (1995): Management der Produktionseinrichtung (Total Productive Maintenance), Frankurt, New York: Campus Verlag.
- Pfeifer, T. (1996): Methoden und Werkzeuge des Qualitätsmanagements. In: Produktion und Management - Betriebshütte. Hrsg.: Eversheim, W., Berlin, Heidelberg, New York: Springer Verlag.
- Schein, E.H. (1992): Organisational Culture and Leadership. Vol. 2nd Edition, San Francisco: Jossey-Bass.
- Scherpereel, C.M. (2006): Decision orders: a decision taxonomy. In: Management Decision. Vol. Volume 44, Nr. 1/06: S. 123-136.
- Schlicksupp, H. (1998): Innovation, Kreativität und Ideenfindung, Würzburg: Vogel Verlag.
- Seghezzi, H.D. (2003): Integriertes Qualitätsmanagement - Das St. Galler Konzept, München, Wien: Hanser Verlag.
- Shirose, K. (1992): TPM for workshop leaders, Portland: Productivity Press. ISBN 0-915299-92-5.
- Wildemann, H. (1987): Strategische Investitionsplanung: Methoden zur Bewertung neuer Technologien, Wiesbaden.

- Wöhe, G. (1973): Einführung in die Allgemeine Betriebswirtschaftslehre. 11., München: Verlag Franz Vahlen. ISBN 3 8006 0404 3.
- Zettl, M.; Jöbstl, O. (1997): Total Produktive Maintenance - Der japanische Management Ansatz verlangt nach einer Machbarkeitsstudie. In: io management, Nr. 11: S. 40-45.
- Zielowski, C. (2006): Managementkonzepte aus Sicht der Organisationskultur, Wiesbaden: Deutscher Universitätsverlag.
- Zielowski, C.; Posch, W.; Löschnauer, J.; Staber, S. (2004): TPM-Einführung in den Schmelzbetrieben - Forschungsbericht, Leoben: Lehrstuhl Wirtschafts- und Betriebswissenschaften.

Neue, bewährte Methoden und Instrumente zum Bestandsmanagement in Instandhaltung und Produktion

Herbert Bäck

Aus projektorientierter Sicht zeigt sich, dass eine maßnahmenorientierte Analysephase eine bessere Projekteffizienz erbringt und somit vielmehr Zeit für die Umsetzung verbleibt.

1 Einleitung

Die Teileverfügbarkeit einerseits, der Bestandswert und die Kosten andererseits sind nach wie vor die Herausforderungen in der Frage der Optimierung von Ersatzteil- und Reserveteil-Sortimenten. Etwas deutlicher als in der Vergangenheit wird allerdings nach einer richtigen Quantifizierung der „Performance" gefragt.

Manche Unternehmen wählen den Weg größere Ausschnitte des Sortiments mit externen Dienstleistern zu meistern. Andere Unternehmen versuchen mit interner Kompetenz eine Materialwirtschaft nach bestem Wissen zu betreiben, wiederum andere sind sich der eigenen Prozesskosten ganz bewusst, wählen aber - zwecks Erhalt der eigenen Teile- und Beschaffungsmarkt-Kompetenz - den Weg der internen Bewirtschaftung. Eine wirklich ganz neue Methode in der Frage der Optimierung von Ersatzteil-Sortimenten oder Produktionsmaterialien gibt es nicht, aber der Umgang mit Komplexität wird besser.

Neu ist in jedem Fall, in allen Fragen der Materialwirtschaft, der Disposition und des Einkaufs, dass die Sortimente systematischer gegliedert und differenziert werden (e-Class, Kritikalität) und dass auch unterschiedliche Versorgungsoptionen, also Beschaffungsprozesse für unterschiedliche Sortimente (Materialversorgungsklassen) genutzt werden. Dies gelingt deshalb, weil - das ist eine neue Entwicklung - immer mehr Unternehmen immer fundierter ihr Datenmaterial wirklich als Informations- und Maßnahmenquelle nutzen.

So gibt es seit ein paar Jahren mit dem Begriff Stratification Ansatzpunkte und Konzepte, die darauf ausgerichtet sind mit mehreren Kriterien, die zum jeweiligen Teilesortiment passen, sozusagen multiple Clusterungen zu bauen. Das ist ähnlich wie eine ABC-Analyse, nur vierfach oder fünffach. Ebenfalls als neu einzustufen ist die Nutzung von „Affirmationen". Damit ist übertragen auf die operative Logistik und Disposition gemeint bei allen Schritten und Aufgaben sich beispielsweise folgende Fragen vor Augen zu führen und konsequent danach zu handeln:

- What is the benefit?
- How much does it cost?
- When will we get a better solution?
- Who does what by when?

Getreu einer solchen Fragesequenz - wir wählen die englische Form, weil das ganz typisch für diesen Kulturkreis ist - gilt es nun auf die Materialwirtschaft, die Ersatzteil-Disposition, die Fertigungssteuerung (Auftragssteuerung) und den Einkauf sowie die Beschaffung und gegebenenfalls auf Dienstleister zu schauen.

In den folgenden Abschnitten soll anhand eines Projektbeispiels einerseits dieser Frageblock genutzt werden, um Impulse für das eigene Tagesgeschäft zu liefern. Es sollte aber auch gelingen neue Gedanken in die Betrachtung und Analyse von Ersatzteil-Sortimenten einzubringen, um auch bei dem großen Block von wenig oder selten bewegten Reserve- und Spezialteilen Ideen zu finden die Produktivität (im Sortiment) zu verbessern.

2 Wir wollen Materialwirtschaft, Ersatzteil-Disposition und Einkauf optimieren

Angenommen in einem anlagenintensiven Unternehmen mit ausgeprägtem Ersatzteil-Sortiment wird ein neuer Einkaufs- und Materialwirtschaftsleiter nominiert. Ganz normal wie bei vielen anderen Neubesetzungen geht man mit neuen, großen Vorsätzen die Aufgabe an. Mehr Effizienz in Einkauf und Beschaffung, mehr Transparenz bei den Prozessen, weniger Bestände, bessere Serviceleistung und Verfügbarkeit, das alles sind in der Regel Gedanken und in der Folge Arbeitsschwerpunkte, denen man sich widmet.

Abb. 1: Einfache Projektbeschreibung als Diskussionsgrundlage

„What is the benefit?" wird dabei eine Frage sein, die es erlaubt Schwerpunkte zu suchen und zu priorisieren. Damit aber eine Quantifizierung erfolgen kann, müssen harte Fakten her. Das ist der Beginn, wo nach Analysen, Auswertungen und Kennzahlen gerufen wird.

2.1 Analysen und Auswertungen (maßnahmenorientierter Ansatz)

Wer einige Projekte in der Logistik, der Produktion oder der Instandhaltung mitgemacht hat, der kennt die Situation, dass für Analysen und Auswertungen die Bereitstellung der Daten recht viel Zeit aufgewendet wird oder veranschlagt werden muss. Interessant ist eigentlich auch, dass viele Projekte nach der Analyse auf dem Weg zur Umsetzung an Kraft verlieren und oft auch mit den Analyseergebnissen die Projekte eingestellt werden.

Professionelles ANPACKEN potentialträchtiger Themen sieht aus operativer Nutzensicht anders aus. Das ist wohl ein neuer Aspekt in der Projektarbeit, weil die Verfügbarkeit von großen Datenmassen bessere Voraussetzungen bietet Projekte so auszuprägen, dass der Analyseteil nur mehr 10 oder 15 % der gesamten Projektzeit umfasst und die Realisierungsplanung - falls notwendig - und insbesondere die Umsetzung das größte Zeitbudget bekommt.

Die Fragestellungen

- What is the benefit?
- How much does it cost?

kann man durchaus nutzen, um gerade in der Materialwirtschaft und der Ersatzteil-Disposition neue Impulse zu liefern. Die Frage, die sich aufdrängt lautet: „Was sind geeignete Maßnahmen, um Verbesserungen bei den Prozessen, beim Einkauf, bei der Lagerung und der Bereitstellung der Ersatzteile zu ermöglichen?". Viele Antworten sind zu erwarten, wenn es gelingt eine dynamische operativ versierte Teilnehmerrunde zu einem Sondierungs-Workshop dieser Art einzuladen. Gesucht ist eine Liste von Maßnahmen und Aufgaben, und das sollte der Auftakt für diverse Analysen, Auswertungen, Kennzahlen-Rechnungen und Datenaufbereitungen sein.

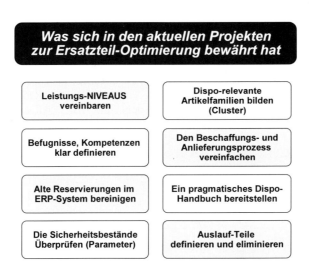

Abb. 2: Ein kleiner Katalog bewährter Arbeitspakete

Genauso, wie in Abb. 2 aus einem Projekt-Workshop heraus Highlights dokumentiert wurden, so ist auch die folgende Zusammenstellung eine solche, sehr simple aber gerade deshalb hilfreiche Maßnahmensammlung.

Es spricht nichts dagegen, diese Art Leitgedanken systematischer auszuarbeiten. Hier ist die Idee ja in erster Linie aus der Erfahrung der operativen Fachleute schnell zu erkennen, welche Maßnahme die größte Wirkung oder - noch besser - überhaupt eine Umsetzungschance hat.

Ersatzteil-Optimierung

- Weniger C-Teile Lieferanten
- Abwertungs-Kennzeichen und tatsächliche Werte
- Klassifikation und Kategorisierung
- Planlieferzeiten bei A-Teilen überarbeiten
- Richtwerte, Übersichts-Kennzahlen pro Disponent (Werte)
- Bezahlung nach Einbau (Austausch)
- Internes, kontinuierliches Benchmarking
- Gemeinsame Lagerhaltung

Abb. 3: Weitere Maßnahmen, die helfen die Ersatzteil-Disposition zu optimieren

Wenn wir also von Analysen oder Auswertungen sprechen, haben wir sozusagen unterstellt, dass Kennzahlen oder Reports aufgrund der vorhandenen Datenberge - je nach Bedarfslage - schnell und flink zur Verfügung stehen. Eine ABC-Analyse ist immer brauchbar. Schnell kommt man zum großen Artikelblock, das sind C-Teile.

Die Frage nach C-Teilen erfordert das gesamte Sortiment zu analysieren. Für die Beurteilung wäre es dann noch schön Vergleichszahlen aus anderen Unternehmen zu kennen.

Abb. 4 liefert einige einfache Kennzahlen zum Vergleich von vier Unternehmen und deren Ersatzteilstrukturen.

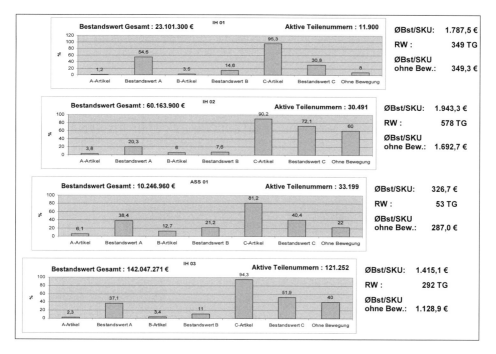

Abb. 4: *Ersatzteil-Spektren von vier Unternehmen (einfache ABC-Analyse)*

Die Analyse ist schnell gemacht. Was nun?

Der durchschnittliche Bestandswert pro lagergeführtem Artikel (ØBst/SKU) liegt zwischen € 326 und € 1.940 und dokumentiert, dass die Preisstruktur der Sortimente sehr unterschiedlich sein kann.

Vorsicht bei allen Vergleichen ist auch geboten, wenn man die ABC-Analyse und beispielsweise die Bestandswerte der A-Artikel betrachtet. Der Formfaktor einer ABC-Analyse kann sehr unterschiedlich sein, das heißt einige wenige Anlagenkomponenten oder teure Einzelteile können die Sortimentsprofile so beeinflussen, dass eigentlich ein Vergleich mit anderen Strukturen nicht mehr zulässig ist.

Der durchschnittliche Bestand pro lagergeführtem Artikel (zwei Jahre unbewegte Artikel) zeigt ebenfalls eine große Bandbreite und geht von € 280 bis € 1.690. Wiederum ist Vorsicht geboten, was man aus diesen Analysen oder den Vergleichen gewinnen möchte.

Die Botschaft, die wir in diesem Zusammenhang gerne formulieren möchten, lautet: „Analysen können hilfreich sein, aber NUR dann, wenn sie einer maßnahmenorientierten Fragestellung folgen, und wenn ausreichend Kompetenz aller Beteiligten für das jeweilige Optimierungsthema gegeben ist." Ein solcher Ansatz hat mehr Realisierungschancen.

Bestandstreiber oder Transaktionstreiber: Mit zwei einfachen Gegenüberstellungen soll einerseits der Unterschied in der Analysegestaltung und andererseits in den Inhalten eines Ersatzteil- oder Reserveteil-Sortimentes gezeigt werden.

Griffige Fragen:

- Was sind Bestandstreiber?
- Was sind die besten Maßnahmen eine Optimierung dieser Bestandstreiber zu erreichen?
- Sind diese Bestandstreiber überhaupt beeinflussbar?
- Wie stark ändert sich dieses Teilsortiment (Dynamik)?

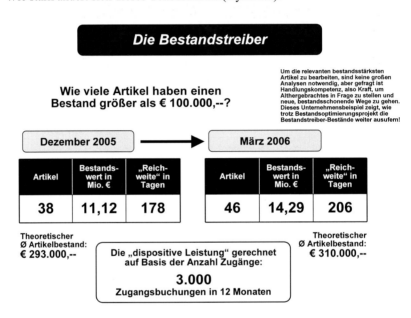

Abb. 5: Sortimentsausschnitt der Bestandswert-teuersten Teile

Es ist in der Regel kein großer Aufwand die Top-Bestandstreiber zu identifizieren. Einem neuen Materialwirtschaftsleiter empfehlen wir die Frage zu stellen „Was sind unsere Top 10 Bestandstreiber, was sind die Top 10 Verbrauchsartikel und was sind die Top 10 Artikel, die die größte Lagerfläche beanspruchen?".

Möglicherweise kann man mit diesen wenigen, aber gewichtigen Artikeln in kurzer Zeit mehr erreichen, als durch die Bearbeitung von mehreren 1000 Artikeln aus einer Ladenhüter-Liste.

Das Gegenstück zu den Bestandstreibern sind beispielsweise die Transaktionstreiber. Der Name kommt daher, weil die vielen Transaktionen (Bestellungen, Ein- und Auslagerungen) mehr Prozesskosten verursachen, als der Warenwert ausmacht, der bewegt wird. Vor der Analyse ist damit das Maßnahmenpaket schon definiert.

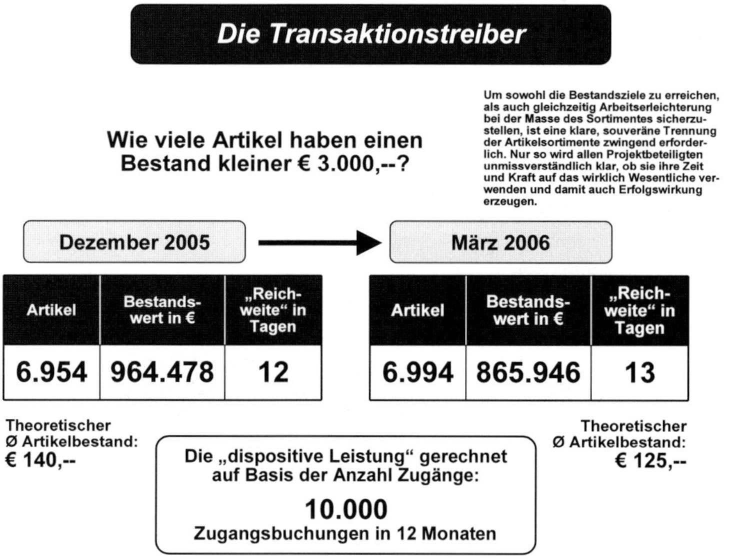

Die Transaktionstreiber

Wie viele Artikel haben einen Bestand kleiner € 3.000,--?

Um sowohl die Bestandsziele zu erreichen, als auch gleichzeitig Arbeitserleichterung bei der Masse des Sortimentes sicherzustellen, ist eine klare, souveräne Trennung der Artikelsortimente zwingend erforderlich. Nur so wird allen Projektbeteiligten unmissverständlich klar, ob sie ihre Zeit und Kraft auf das wirklich Wesentliche verwenden und damit auch Erfolgswirkung erzeugen.

Dezember 2005 → **März 2006**

Artikel	Bestandswert in €	„Reichweite" in Tagen	Artikel	Bestandswert in €	„Reichweite" in Tagen
6.954	964.478	12	6.994	865.946	13

Theoretischer Ø Artikelbestand: € 140,--

Die „dispositive Leistung" gerechnet auf Basis der Anzahl Zugänge:
10.000
Zugangsbuchungen in 12 Monaten

Theoretischer Ø Artikelbestand: € 125,--

Abb. 6: Ergebnis der Abfrage nach geringwertigen Teilen (C-Teile)

Der Vergleich dieser beiden Teilsortimente (Abb. 5 und 6) macht deutlich, wo welche Art von Verbesserungen möglich oder notwendig ist. Es gibt viele solcher Fragestellungen, die es erlauben das Sortiment entsprechend zu gliedern und zu differenzieren. Wichtig ist es natürlich auch, diese Markierungen systemtechnisch abzuspeichern, sodass sozusagen für unterschiedliche logistische Teilsortimente auch unterschiedliche Versorgungsprozesse definiert werden können.

Dieser Maßnahmenansatz liegt auch den modernen Materialversorgungsklassen zu Grunde, indem für spezielle Teilsortimente (Cluster) die zum Charakter dieses Clusters passenden Versorgungsprozesse zugeordnet, eingestellt und umgesetzt werden. Die Aufgabe besteht also darin möglichst zur empirischen Situation passende Cluster zu gewinnen und diese Teilsortimente dann mit Einkaufsrichtlinien, Dispo-Parametern, also operativen Steuergrößen zu versorgen.

Drei Schritte können dazu dienen diese Aufgabe zu meistern:

Schritt 1:
Was sind die Ersatzteiltypen und -arten im ganzen Sortiment?

Schritt 2:
Wie können mit Charaktermerkmalen und Sortimentskriterien Versorgungsprozess beschrieben werden?

Schritt 3:
Wie sieht ein Fahrplan zur Bestands- und Sortimentsoptimierung aus?

3 Pragmatische Optimierungsschritte

Eine mögliche Antwort zu Schritt 1 (Teilespektrum) ist in Abb. 7 gegeben.

Abb. 7: Projektbeispiel einer Teiletypologie

Neben den klassischen Formen der Sortimentsgliederung (Warengruppen, Klassifikation, Anlagenzuordnung) gibt es eine Fülle empirischer Gruppen und Familien.

Mit einem maßnahmenorientierten Ansatz kann man beispielsweise fragen:

- Was sind Teile, die voll automatisch disponiert werden können?

Abb. 8 führt nun diesen Ansatz der Sortimentsgliederung weiter aus, um auch die logistisch relevanten Typologien zu erfassen.

C-Teile Management - Mechanische Bauteile

Relais, Drehteile, Stanzteile, veredelte Teile, spezielle Kunststoff-Teile

groß	groß	klein	kurz	klein	klein	klein	klein	klein	klein	unwichtig
Eigen- oder Fremd-Steuerung	ABCD-Klassen	Streuung Schwankung (XYZ0)	Anliefer-frequenz ins Werk	Plan-lieferzeit (PLIFZ)	Versorgungs-Risiko	Gewicht/ Volumen/ Sperrigkeit	Teile-spektrum/ Vielfalt	Auslauf-steuerung	Rück-stands-situation	Fertigungs-kapazität
Einzel-Dispo	**A**	**X**	nach Bedarf/ unregel-mäßig	bis 10 Kalendertage	immer lieferbar	kein Volumen	schmal	unbe-deutend	kein Rückstand	unbe-grenzt
Abrufs-Dispo ins Werk	B	Y	fixe Termine	**11 bis 30 Kalendertage**	**Liefer-schwan-kungen**	Klein-volumen	über-schaubar	bedeut-sam	fallweise Rückstand	fallweise begrenzt
Lieferanten-KANBAN	C	Z	täglich (pro Schicht)	31 bis 90 Kalendertage	Lieferver-spätungen	**Mittel-volumen**	Vielfalt	wichtig	größer Rückstand	begrenzt
VMI	D	0	wöchentlich	> 91 Kalendertage	Ausfall-risiko	Groß-volumen	extreme Vielfalt	sehr wichtig	größer, alter Rückstand	ausstoß-bestim-mend
klein	klein	groß	lang	groß	groß	groß	groß	groß		wichtig

Abb. 8: 11 Kriterien mit ihren Ausprägungen dienen zur Beschreibung der Klasse mechanische Bauteile

In diesem Projektbeispiel wurde sozusagen ein bestimmtes, logistisches Verhaltensmuster als Profil (dunkle hinterlegte Kästchen) zusammengefasst, für das ein definiertes Versorgungs- oder Beschaffungsprinzip gelten soll.

Pipeline-Kontrakt, automatische Abwicklung

groß	groß	klein	wenige	klein	klein	klein	klein
Wertigkeit Großer Preis	ABCD-Klassen	Streuung Schwankung (XYZ)	Lagerspiele (Auslagerung) pro Jahr	Sperrigkeit	Planlieferzeit (PLIFZ)	Änderungs-häufigkeit	
größer € 5.000	**A**	**X**	1 x	**keine**	**bis 14 Tage**	klein	
kleiner € 5.000 / größer € 100	**B**	**Y**	bis 12 x	mittel	**14 bis 35 Tage**		
kleiner € 100 / größer € 10	C	Z	bis 50 x		**35 bis 100 Tage**	groß	
kleiner € 10	D	ZZ	größer 50 x	groß	ab 100 Tage		
klein	klein	groß	viele	groß	groß	groß	

Abb. 9: Teure, aber planbare Langlaufteile werden über Pipeline-Kontrakte organisiert

Abb. 8 und 9 geben eine Antwort zum Optimierungsschritt 2 (Kategorisierung). Beide Morphologie-ähnlichen Muster erlauben die Bildung von Teilsortimenten, die als Gruppe mit gleichen Planungs- und Dispo-Prozessen gesteuert werden können. In Abb. 9 ist dabei gleichzeitig der Teiletypus mit dem empfohlenen Versorgungskonzept kombiniert.

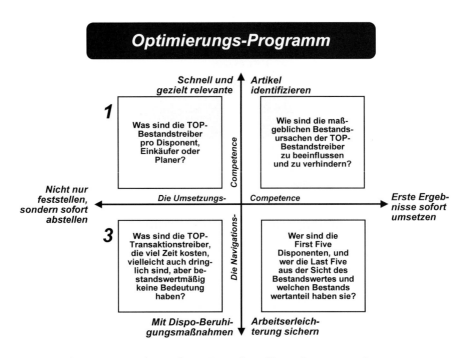

Abb. 10: Zusammenfassung für ein Bestands- und Dispo-Optimierungs-Programm

Maßnahmenorientierte Denkhaltung, pareto-effizientes Vorgehen in allen Arbeitsstufen und kontinuierliche Arbeits-Meetings - am besten unter dem Begriff Bestands- und Dispo-Konferenz - bieten eine gute Chance den vielen Bemühungen zur Optimierung der Ersatzteile neue Impulse und neue Umsetzungskraft zu liefern.

Die Methodik der Materialversorgungsklassen bietet darüber hinaus eine konkrete Orientierung, wie die Teilevielfalt durch Konzentration auf einzelne Kategorien (Teiletypen) am besten planerisch und dispositiv gemeistert werden kann.

Die Frage „How much does it cost?" darf dabei nicht unterschätzt werden, denn eine Systematisierung ist eine Investition und kostet Geld, aber der Nutzen daraus ist für die künftige Bestands- und Verfügbarkeitsoptimierung beachtlich und kann eine Kostenreduktion von 15 bis 20 % erbringen.

Bitte Vorsicht, glauben Sie diese Zahl nur, wenn Sie selber ein solches Projekt erfolgreich umgesetzt haben.